내 삶이 만족스럽지 못한 건
나를 몰랐기 때문이다

내 삶이 만족스럽지 못한 건

나를 몰랐기 때문이다

김정현 지음

유노북스

나,
잘 살고
있는 걸까?

내 노력이 헛된 것만 같아 서글퍼집니다

잘 살고 있고 잘되고 있다가도 문득 '내가 정말 잘 살고 있는 걸까?' 하는 생각이 들 때가 있습니다. 대학 시절, 공부를 잘해서 받는 장학금 은 아니라도 근로 장학금을 받아 가면서 수업 한 번 빠지지 않았습니 다. 집에서 보태 준 등록금이 감사해 월세, 차비, 용돈을 스스로 벌고 아끼며 그 시절을 충실히 보냈습니다. 그런데 내 삶은 왜 그때나 지금 이나 이리도 쪼들리는지 모를 일입니다.

친구들은 다 예쁜 옷을 입고, 유학을 가고, 연애도 하면서 넉넉하게 사는 모양입니다. 쥐구멍에도 볕 들 날이 있다는데, 제 인생에는 볕이 들기는커녕 빛 한번 밟아 볼 날이 있을지 가슴이 답답해집니다.

대학을 졸업하고 일찍 취직했습니다. 곧바로 취직할 수 있었던 이유는 큰 욕심을 부리지 않았기 때문입니다. 작지만 고정적인 수입을 얻는 편이 낫다고 생각했습니다. 어떻게든 숨구멍부터 트고 싶었기 때문입니다.

입사 후 영업 지원팀에서 열심히 발로 뛰었습니다. 아르바이트로 다진 근육 덕분에 눈치 있게 행동하면서 잘 버텼습니다. 팀 선배들도 딱히 나쁜 사람은 없었기에 때로는 일을 배운다는 심정으로 야근, 궂은일도 도맡으며 지냈습니다.

입사 2년 차가 되던 어느 날, 신입 직원이 들어왔습니다. 참 밝고 생글생글 잘 웃는 친구였죠. 저는 일도 곧잘 하면서 싹싹하기까지 한 그 친구가 내심 부러웠고, 때로는 여우 같다는 생각도 들었습니다. 하지만 알면 알수록 누구나 잘 챙기고 상대방을 잘 기억하는 모습을 보며 문득 약간의 자괴감이 들었습니다.

이 친구 때문은 아닙니다. 비교하는 마음도 아닌 것 같습니다. 단지 여러 생각이 한꺼번에 몰려들었습니다. 그동안 누구보다 열심히 살아온 나, 맏딸을 든든한 버팀목으로 생각하는 부모님께 더 잘해 드리지 못해 죄송한 나, 사람들에게는 곰처럼 미련한 나….

'여태껏 나는 참 열심히 살았는데. 소처럼 일만 하다가 남들에게는 인정도 못 받고 평생을 살다 늙어 죽는 건 아닐까? 왜 나는 여우가 되지 못하고 늘 곰처럼 미련하게 버텨 왔을까?'

사람들과 만나고 돌아오는 길이 늘 외롭다

보고 싶은 사람도 없는데
너무 너무 너무 보고 싶네
그리운 사람도 없는데
너무 너무 너무 그립네
이 사람일까 저 사람일까
생각을 해 봐도
나는 모르겠는데 아무도 없는데

지하철이 끊길까 말까 한 애매한 시간이었습니다. 택시에서 장기하와 얼굴들의 노래 〈보고 싶은 사람도 없는데〉가 흘러나왔습니다. 처음 듣는 노래인데도 가사가 잘 들렸습니다. 그렇게 차창 밖을 바라보

| 나를 몰랐기 때문이다 |

며 별생각 없이 노래를 듣는데 갑자기 눈물이 또르르 흘러내렸습니다. 내 눈에서 흐르는 눈물인데도 남의 눈에서 흐르는 것처럼 낯설어서 헛웃음까지 났습니다.

'외로운 걸까? 내가 왜? 연락만 하면 술 한 잔 기울이러 나와 줄 친구도 많은데….'

회식 때마다 트로트 메들리로 분위기를 빵빵 띄우는 나, 퇴근 후 마음 맞는 사람들과 함께 독서 모임에 참여하는 나, 내가 좋아하는 사람은 물론이고 나를 좋아하는 사람들과 함께 일하고 돌아오는 나의 모습은 기특하기까지 합니다. 게다가 이전 직장 사람들과도 모임을 이어 오고 있습니다. 외롭다는 감정 자체가 나에게는 맞지 않는 옷 같습니다. 그런데 갑자기 눈물이 날 만큼 외롭다는 생각이 들다니, 이해하기 힘든 상황이었습니다.

휴대폰 달력 애플리케이션에는 날마다 약속 일정이 빼곡하게 적혀 있습니다. 평일, 주말 할 것 없이 사람들을 만나면 외로울 틈이 없습니다. 솔직히 말하면 오히려 힘이 들 때도 있습니다. 내가 정말 만나고 싶어서 만나는 사람이 있는가 하면, 어쩔 수 없이 만나야 하는 사람도 있으니까요.

쉬고 싶은 몸을 이끌고 사람을 만나러 나갈 때도 많습니다. 만나기 싫어도 고민을 들어 달라고 '헬프'를 외치는 사람을 보면 차마 모르는 척할 수도 없습니다. '오죽하면 나에게 이런 이야기까지 털어놓을까' 싶어서요.

#오늘도 전투모드 #토닥토닥 수고했어
#돌아오는 길이 외로운 나 #늘 그랬듯 긍정적으로

왜 열심히 살면서도 어딘가 모르게 헛헛할까요? 왜 사람들과 자주 만나면서도 집으로 돌아오는 길에는 외로운 마음이 들까요?

우리는 이런 마음이 들 때 누군가 알아주길 바랍니다. 소위 SNS를 좀 한다는 사람이라면 누구나 한 번쯤은 마음 상태를 나타내는 '심경 글'을 써 본 적이 있을 것입니다. 감정에 복받쳐 썼다가 이내 정신이 번쩍 들어 지울 때도 있고, 어느 때는 구구절절 쓰고 싶은데 다른 사람들에게 나를 너무 다 드러내는 것 같아 참을 때도 있습니다. 하지만 그때 그 순간만큼은 절실했을 것입니다. 내 심각한 상황과 감정을 누군가가 알아주길 바라면서 말이죠.

어디엔가 내 마음을 보여 주고 싶은 순간만큼은 그때 자신의 상황과 감정을 분명히 들여다볼 필요가 있습니다. 내 안에 빨간불이 들어왔다는 신호거든요. 내 삶이 만족스럽지 못한 이유는 자기 자신을 제대로 모르고 있었기 때문입니다. 이제는 내 마음을 남이 알아주길 바라기보다 내가 먼저 알아줘야 할 때입니다.

이제 내 마음에 파란불을 켜 봅시다.

만족스러운 삶은 나를 아는 일에서부터 시작된다

"오늘 하루도 욕심내지 말고 딱 너의 숨만큼만 있다 오거라."

《엄마는 해녀입니다》라는 그림책에 나오는 말입니다. 이야기 속 엄마는 물질을 하면서 커다란 전복을 건지려다가 점점 바닥으로 빨려 들어가 숨이 넘어갈 위기를 맞습니다. 그때 옆에서 물질하던 할머니가 엄마를 끌어 올리고 한 말입니다.

지난날을 돌아보면 딱 내 숨만큼만 하는 것이 왜 그리 어려웠을까요? 일에서 완벽해야 하고, 관계에서 타인을 기쁘게 해야 하며, 서둘러 성공해야 했습니다. 늘 열심히 하면서도 강해야 했습니다. 말 그대로 총체적 난국 속에서 제 자신이 괴로운 줄도 모르고 살았습니다. '원래 다들 그렇게 산다'고 위안 삼으며 말입니다. 하지만 제 삶은 만족스럽지 못했습니다. 그렇게 점점 더 바닥으로 빨려 들어가 숨이 꼴깍 넘어갈 때쯤, 결혼과 동시에 교류분석을 만나게 됐습니다.

고백하건대, 가끔 제가 그때 교류분석을 만나지 않고 결혼과 출산, 육아의 과정을 거쳤더라면 어땠을지 생각합니다. 아마도 저의 스트레스가 고스란히 가족에게 전해졌을 테지요. 스스로를 자책하며 잘못된 방법을 거듭 반복했을 것입니다.

교류분석(Transactional Analysis, TA)은 자기를 인식하고 수용하는 데 탁월한 이론입니다. 나의 어떤 부분이 지금, 여기에서 작동하는지 명확하게 보여 주는 심리 이론이죠. 특히나 스트레스 상황에서 어떤 자극을 받았을 때 내 안에서 빈번히 일어나는 생각, 느낌, 행동이 무엇인지를 면밀히 볼 수 있습니다. 이렇게 깨닫고 수용한 '자기'가 이제는 무엇을 해야 하는지 올바르게 선택하도록 합니다.

이를테면 감정을 부풀리거나 축소하는 일 없이, 유독 그 문제가 내 눈에만 보이지 않아 잘못된 선택을 하는 일 없이 있는 그대로의 모습으로 앞으로의 삶을 선택하게 됩니다. 교류분석은 정신과 의사이자 정신 분석가인 에릭 번(Eric Berne)이 창시한 심리 이론입니다. 국제 교류분석 협회(International Transactional Analysis Association, ITAA)는 교류분석을 '하나의 성격 이론인 동시에 개인의 성장과 변화를 위한 체계적인 심리 치료'로 정의합니다.

에릭 번은 총 32년에 걸쳐 저서와 논문을 펴냈으며, 사람의 성격을 부모-어른-아이 자아의 세 부분으로 나눠 분석하는 'PAC 자아 상태'와 '교류 패턴', 어린 시절에 쓰이고 일련의 사건들로 강화돼 결국 각자가 의도한 결말을 맺는 '인생 각본', 이면의 교류인 '심리 게임', 어루만짐의 '스트로크', 승자의 각본 'OK 인생 태도', 관계 속에서 각자가 시간을 쓰는 방식인 '시간의 구조화' 등의 주요 개념을 발전시켰습니다.

우리는 5가지 개념을 배웁니다. 첫 번째는 인생 각본입니다. 인생 각본 중에서도 '부모 명령'이라 일컫는 5가지 신념을 가진 사람들의 이야기를 통해 내가 가진 신념은 무엇이고, 앞으로의 삶을 어떻게 선택해야 하는지 살펴봅니다.

두 번째는 과정 각본입니다. 하나의 일을 끝내거나 완성하지 못한 채 그르치기를 반복하는 삶을 그리스 신화에 빗대어 설명합니다.

세 번째는 라켓 감정입니다. 스트레스 상황에서 나도 모르게 불쑥 튀어나오는 거짓 감정이 있습니다. 나도 모르지만 매우 자주 만나는 감정이기도 합니다. 과연 거짓 감정이 되기 전의 진실한 감정은 무엇이었을까요? 나도 몰랐던 내 진짜 감정을 만나 보는 시간을 갖습니다.

| 나를 몰랐기 때문이다 |

네 번째는 심리 게임입니다. 살면서 없어서는 안 되는 것이 '스트로크'입니다. 이는 인정 자극, '어루만짐'이라고도 합니다. 만약 내가 원할 때에 원하는 방식으로 인정받을 수 없다면 어떻게 될까요? 관계에서 잘못된 요구가 시작되는 것입니다. 인간관계가 생각대로 안 될 때, 나를 괴롭히는 사람으로 주변이 가득한 경우라면 심리 게임을 눈여겨봐야 합니다.

마지막으로 디스카운트입니다. 우리는 다양한 이유로 우리에게 당면한 문제를 제대로 보지 못합니다. 눈을 뜨고 봐도 보이지 않는 문제를 다루는 방법을 알아봅니다.

당신이 이 책과 적절한 시기에 만나 삶이 만족스러워지기를, 이 책이 당신의 성장과 변화에 기여하기를 바랍니다. 끝으로 교류분석을 연구하고 책을 펴내는 시점까지 묵묵히 뒤를 지켜봐 준 남편에게, 건강하게 태어나 밝게 자라 준 아이들에게 감사를 전합니다.

4월 어느 봄날, 두 아이들이 노는 소리가 들리는 서재에서.

김정현

○ 목차

1장.
나는 무엇을
열심히 하는
사람인가?

_인생 각본

2장.
열심히 살아도
불안한
당신에게

나는 무엇을
열심히 하는 사람인가?

_인생 각본

▶ 완벽하라
▶ 기쁘게 하라
▶ 강해져라
▶ 열심히 하라
▶ 서둘러라

1장에서는 열심히만 사는 사람이 갖고 있는 대표적인 5가지 신념을 소개합니다. 우리는 열심히 살지만 불안함을 느끼는 경우가 많습니다. 실제로 사람들은 불안할수록 자꾸만 뭔가를 하곤 합니다. 불안한 심리를 메우려는 욕구 때문이죠. 지금부터 나는 어떤 유형의 신념을 가졌는지 확인해 봅시다.

열심히 살수록
불안한 이유

이상과 목표와 현실이 제각각인 나

불안에 대한 연구는 지금도 끊임없이 이뤄지고 있습니다. 불확실한 미래에 대한 불안감은 인간이라면 누구나 공통적으로 느끼는 감정이기 때문입니다. 미국 심리학자 토리 히긴스(Tory Higgins)의 자기 불일치 이론에서 우리는 이상적인 자아, 당위적인 자아, 현실의 자아가 충돌할 때 우울과 불안을 느낀다고 합니다.

이상적인 자아는 주로 '~을 하고 싶다'는 동사로 표현됩니다.

| 1장 · 나는 무엇을 열심히 하는 사람인가? _인생 각본 |

'좋은 대학을 가고 싶어.'

'대기업에 입사하고 싶어.'

'비싼 차를 사고 싶어.'

'사람들에게 사랑받고 싶어.'

당위적인 자아는 '~을 해야 한다, 하지 말아야 한다'는 동사로 표현됩니다.

'맏이로 태어났으니 우리 집을 먹여 살려야 해.'

'일은 완벽하게 해야 해.'

'여자는 결혼하면 시댁에 순종하며 살아야 해.'

'애를 척척 잘 키우는 엄마가 돼야 해.'

그런데 현실의 자아는 어떤가요? 이상적 자아를 뒷받침해 주지 못합니다. 좋은 대학에 가고 싶은데 성적이 그만큼 나오지 않습니다. 대기업에 입사하고 싶은데 해당 기업에서 원하는 이력이 없습니다. 값비싼 차를 갖고 싶고, 역세권에 학군까지 좋은 지역에 살고 싶어도 내돈벌이가 그만큼 받쳐 주지 못합니다.

이럴 때 현실과 이상과의 괴리, 즉 자아 불일치가 발생합니다. 현실의 나와 이상적인 나 사이에 거리가 생길 때 그것을 이룰 수 없는 현실로 인해 우리는 우울감을 느끼게 됩니다.

당위적인 자아와 현실의 자아의 불일치

우리는 평생 '~을 해야 한다'는 당위적인 자아와 현실의 자아가 자주 충돌하는 상황을 겪습니다. 맏이로 태어났으니 좋은 직장에 취업하고 제때 좋은 배우자를 만나 결혼해서 아이를 갖는 것이 효도라고 생각하는 사람이 있습니다. 그런데 인생이 어디 말처럼 쉽게 흘러가던가요. 부모님이 바라는 좋은 직장에 취업해도 본인과 맞지 않는 일일 수 있습니다. 또 누구나 생각하는 적절한 시기에 사랑하는 배우자를 만나 결혼을 했지만 아이가 늦어질 수도 있습니다. 혹은 계획보다 더 빨리 생길 수도 있고요.

그런데 무슨 일이든 완벽하게 해내려는 사람은 한 치의 실수도 용납하지 못합니다.

'나는 원래 무슨 일이든지 똑 부러지게 하는 사람이야. 하나라도 놓쳐서는 안 돼. 그건 자존심 상하는 일이야.'

누구나 때로는 보고서에서 꼭 검토해야 할 숫자를 지나칠 수도 있고, 감기 몸살에 걸려 휴식을 가져야 할 때도 생깁니다. 이 역시 사람이 하는 일이기 때문입니다. 그런데 작은 실수는 물론이고 몸이 아픈 것조차도 자존심이 상하는 일처럼 생각한다면 어떻게 될까요?

'내가 왜 이러지? 나는 원래 이런 사람이 아닌데….'

현실의 나는 자꾸만 감추고 당위적인 나에만 빠져 스트레스를 받고 말 것입니다.

이렇게 당연히 해야 한다고 생각하는 일을 생각대로 이루지 못할 때 우리는 '당위적인 자아와 현실의 자아가 불일치한다'고 말합니다. 그리고 인생이 계획적으로 흘러가야 한다는 생각이 강할 때 불일치가 일어나면 극심한 불안감을 느끼게 됩니다. 나는 원래 이렇게 해야 하는 사람(당위적인 자아)인데 실제로는 그렇게 하지 못하는 현실(현실의 자아)에 놓여 있기 때문입니다.

물론 자기 불일치가 늘 괴로운 상황만 가져오는 것은 아닙니다. 적당한 자기 불일치는 삶의 원동력이 됩니다. 예를 들어 이상적인 자아는 꿈과 목표 의식을 갖게 해 줄 뿐만 아니라 앞으로 나아갈 수 있는 힘을 줍니다. 또한 당위적인 자아가 사회와 문화에 알맞은 예의 바른 인간상을 갖게 해 주는 데에는 누구도 이견이 없습니다.

| 나를 몰랐기 때문이다 |

다만 현실과 너무 동떨어지거나 한쪽으로 치우쳐 현실을 직면하지 못하고 그 안에 진정한 내가 없다면 그때부터 문제가 발생하는 것입니다.

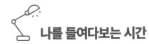

나를 들여다보는 시간

□ 완벽해지려고 너무 애쓰지 마세요. 세상에 완벽한 삶(Perfect Life)은 없습니다. 충분히 좋은 삶(Good Enough Life)만이 존재할 뿐입니다.

진정한 내가 없는
자기 불일치 상태

당위적인 자아는 늘 '조건'을 달고 있다

영어에서 의무를 나타내는 '~해야 한다'의 뜻인 'have to'는 '원하다, 하고 싶다'의 뜻인 'want'보다 더 강한 바람의 의미를 갖고 있습니다. 마찬가지로 열심히 사는 사람의 대부분은 그들을 움직이게 하는 힘이 '당위적인 자아'에 맞춰진 경우가 많습니다. 해야 할 것이 많은 사람은 늘 많은 일로 본인을 채찍질합니다. 하지만 채워도 채워지지 않는 콩쥐의 깨진 독처럼 당위적인 자아를 완벽하게 충족할 수는 없습니다. 그래서 열심히 살지만 그럴수록 더 불안한 것입니다.

그렇다면 왜 우리는 당위적인 자아를 충족할 수 없을까요? 그 이유는 당위적인 자아가 늘 '조건'을 달고 있기 때문입니다.

'맏이로 태어났으니 이렇게 해야 해.'
'집에 가진 게 없으니 이렇게 살아야 해.'
'나는 원래 잘하는 사람이니까 이 정도는 해야 해.'
'남자가 사회생활을 할 때 이 정도는 해야 해.'
'여자가 결혼을 하면 이 정도는 포기하고 살아야 해.'

어떤 상황이든 늘 붙는 이런 조건은 대부분 다른 사람이 붙여 준 것이라 충족하기도, 버리기도 어렵기만 합니다.

나도 모르는 사이에 내가 돼 버린 신념, '인생 각본'

누군가의 한마디가 크게 와닿고, 그 말이 진리인 것처럼 생각하고 행동할 때가 있습니다. 어떤 것도 일리일 뿐이지 진리일 수는 없는데 말이죠. 특히 열심히 사는 사람일수록 모든 순간을 이런 신념에 맞춰 움직입니다.

에릭 번이 창시한 교류분석에서 나도 모르는 사이에 내가 돼 버린 신념을 '인생 각본'이라고 합니다. 인생 각본이란 어린 시절에 쓰는 것으로, 부모에 의해 강화되고 일련의 사건들로 정당화되면서 결국 내가 선택한 대안으로 결말이 나는 인생 계획을 의미합니다.

엄마의 뱃속에서 원할 때 먹고 자고 배설하는 호사를 누리다가 갑자기 세상에 나온 아이는 얼마나 적응하기 어려울까요. 신생아의 몸을 큰 수건으로 꽁꽁 감싸는 것도, 아이가 자다가도 배가 아파 미친 듯이 울음을 터뜨리는 것도 이런 이유 때문일 것입니다. 위험하고 불완전한 세상에서 살아남기 위해 아이는 자신만의 방식으로 주 양육자가 보내는 메시지를 해석하고 그에 따라 생존 전략을 짜게 됩니다.

사람뿐만 아니라 동물도 마찬가지입니다. 카멜레온이 환경에 따라 몸 색깔을 바꾸고, 거북이가 위험에 처하면 딱딱한 등딱지에 숨는 것이 대표적인 예입니다. 물론 종마다 표현 방식은 다르겠지만 모두 살아남기 위한 나름의 생존 전략이라는 데에는 이의가 없을 것입니다.

그렇게 각자가 써 내려간 생존 전략은 성장하는 과정에서 버려지기도 하고, 일련의 사건들로 강화되기도 합니다. 이런 과정을 거쳐 우리 안에 굳어 버린 신념으로 자리 잡는 것입니다. 내 안에 자리 잡은 신념은 하루아침에 만들어진 것이 아닙니다. 우리가 말을 하기 훨씬 전부터 차곡차곡 쌓아 온 것입니다. 그런데 우리가 생각해 봐야 할 문제는 이것입니다.

'그때 선택된 생존 전략들이 과연 현재의 삶에도 도움이 되는가?'

온전한 '나'는 어떤 사람인가?

드라마 〈SKY 캐슬〉에서 의사 강준상 역할을 맡았던 정준호 배우의 대사가 기억에 남습니다. 강준상은 어머니의 뜻에 따라 의사가 되기 위해 학력고사 전국 1등에 빛나는 모범생으로 살아왔습니다. 그는 국내에서도 알아주는 대학 병원에서 일하며 병원장 자리까지 차지하려는 야심가였습니다. 그런데 어떤 일련의 계기로 삶의 허무함을 느끼면서 평생을 바쳐 일궈 낸 의사 자리를 내려놓겠다고 선포합니다. 강준상은 자신의 결정을 말리는 어머니에게 이런 말을 합니다.

"어머니가 공부 열심히 하라고 해서 학력고사 1등까지 했고, 어머니가 의대 가라고 해서 의사 됐고, 어머니가 병원장 되라고 해서 그거 해보려고 기를 쓰다가… (중략) 내일모레 쉰이 되도록 어떻게 살아야 할지도 모르는 놈으로 만들어 놨잖아요….'

융 심리학에 기반을 둔 제임스 홀리스(James Hollis)의 책 《내가 누군지도 모른 채 마흔이 되었다》에서는 이런 말이 나옵니다.

"중간항로는 '우리가 지금까지의 내 역할을 빼고 나면 나는 대체 무엇인가?'라는 질문을 스스로에게 던질 때 비로소 시작된다."

여기서 말하는 중간항로는 마흔입니다. 하지만 나이를 떠나서 우리가 꼭 생각해 봐야 할 문장입니다. 나는 어떤 사람인가요? 누군가의 자식, 친구, 어느 회사 혹은 학교에 속해 있는 내가 아니라 온전한 '나'는 대체 어떤 사람인가요?

 나를 들여다보는 시간

☐ '계급장 떼고 붙어 보자'는 말처럼 나의 소속, 역할을 빼고 생각해 봅시다. 나는 어떤 사람인가요? 혹은 어떤 사람이고 싶은가요?

언제 어디서든
완벽해야 하는 나

#. 완벽하기 위해서라면 야근도 기꺼이

오늘도 어김없이 회사 책상 밑에는 신발 5켤레가 나란히 놓여 있습니다. 출근할 때 신고 온 신발, 일할 때 신는 슬리퍼, 출장용으로 너무 높지 않으면서 오래 신어도 발이 편안한 구두, 손님이 왔을 때 신을 수 있는 실내용 검정색과 빨간색 하이힐 하나씩. 출근을 하면 다이어리와 달력을 번갈아 체크하고 메모지에 오늘의 할 일을 적습니다. 일이 하나씩 끝날 때마다 줄을 긋고 '끝!'을 외쳐야만 진짜로 끝낸 것 같은 시원한 기분이 들기 때문입니다.

퇴근 시간이 다가와도 끝날 줄 모르는 일들은 야근에 이어 주말까지 계속됩니다. 어쩌면 야근 수당, 특근 수당도 안 받을 생각으로 기꺼이 회사에 봉사하는지도 모릅니다. 이 일은 당연히 내가 해야 할 일이고, 했어야 할 일이니까요. 소기의 성과를 거두기 전까지는 권리를 찾는 일이 사치일 뿐만 아니라 힘들다는 말도 할 수도 없다고 생각합니다.

'완벽하라' 신념을 가진 사람

'완벽하라' 신념을 가진 사람은 대부분 하나의 일이 끝나도 정말 끝난 게 아닙니다. 끊임없이 완벽해야 할 대상을 찾는 것이 문제입니다. 왜냐하면 '나는 완벽해야만 한다'는 신념이 이들의 생존 전략이기 때문입니다.

그들의 완벽함은 보편타당한 기준이라기보다 오로지 본인이 설정한 기준입니다. 그래서 주변 사람들은 이들의 기준을 받아들이기가 힘들 것입니다. 이들은 대부분 신체적인 외상이 있습니다. 순간 뻣뻣해지는 목, 찌르는 듯한 두통, 거북목과 굽은 등이 나타나죠. 내적으로는 늘 채워지지 않은 공허함을 느낍니다.

납기 기한을 어기는 부하 직원은 아주 나태하고 게으르게 느껴집니다. 지난주에 분명 회식을 했는데 또 회식을 하자는 상사를 보면 회사를 일하러 오는 게 아니라 놀고먹으려고 오는 사람 같아 아니꼽게만 보입니다.

워킹 맘이라면 '아이들에게 내가 무엇을 더 해 줘야 할까', '내가 잘하고 있는 걸까' 하는 생각에 죄책감이 듭니다. 집에 가면 아이들이 생떼를 쓰며 속을 뒤집어 놓는 상황을 보면서 직장을 그만두고 육아에 전념해야 할지 고민될 것입니다. 회사에서는 아이를 한 시간만 더 유치원에 맡겨야 할까, 아니면 친정에 도움을 청해야 하나 생각할 테고요.

혼자서 다 해 버리지 마세요

이런 신념을 가진 사람들에게는 이렇게 완벽하게 되기까지 얼마나 많은 사연이 있었을까요! 이들은 어떤 일이든 완벽하게 해내고 싶은 마음 때문에 아마도 사회에서 선호하는 인재이자 회사에서 사랑받는 부하 직원이 됐을 것입니다. 하고자 하는 일을 기한 내에 마무리 짓지 못하는 스스로가 도저히 용납되지 않습니다. 이럴 땐 주변에서도 나를 그냥 좀 내버려 두면 좋겠습니다.

함께 프로젝트를 진행하는 팀에서 선임자로서 방향을 제시해 주고 일하는 방법을 알려 주는 것은 바람직한 일입니다. 하지만 남이 하는 것이 못 미더워 혼자서 다 해 버리는 것은 바람직하지도, 당연하지도 않은 일입니다. 집안일을 할 때도 반드시 내 손을 거쳐야 직성이 풀린다며 배우자에게 손 하나 까딱하지 못하게 하지는 않나요? 어떤 기회도 주지 않고 설거지, 빨래, 화장실 청소, 심지어 아이를 돌보는 일까지 혼자 다 해 버리는 것은 지나친 일이라는 걸 이제는 알아야 합니다.

 나를 들여다보는 시간

☐ 하나부터 열까지 내 손을 거쳐야 일이 진행될 것 같나요? 어쩌면 내가 없어야 더 잘 돌아갈지도 모릅니다. 그러니 마음 놓으세요.

사람 부자, 인맥 부자 하지만 늘 외로운 나

#. 분위기 망치는 저 인간, 대체 왜 저럴까?

회사에 유독 마음에 들지 않는 동료가 있습니다. 사람이 왜 저렇게 삐딱한지 모르겠어요. 점심 메뉴를 고르다가 '저는 콩나물국밥이 좋더라고요'라고 했더니 '난 별로던데'라고 대답하지를 않나, 반숙 계란이 들어간 비빔밥이 좋다는 사람 앞에서 굳이 본인은 축축한 느낌이 싫다고 말합니다.

한번은 한 직원이 이사를 했는데 전에 살던 호수와 착각해서 남의 집 초인종을 눌렀다며 너스레를 떨었습니다. 그런데 모두가 그냥 웃고 마는 상황에서 대뜸 그 동료가 정색하고 말하는 겁니다.

"그럼 안 되죠. 얼마나 위험한 세상인데, 상대방이 얼마나 무서웠겠어요? 잘못하신 거예요."

예능을 다큐로 받아도 유분수지, 웃자고 하는 말에 그냥 웃어넘기지 못하고 찬물을 끼얹어야 했는지 듣는 제가 더 민망했습니다.

저는 '싫다', '잘못이다', '틀렸다'는 말은 굳이 나에게 하는 말이 아니더라도 불편합니다. 만약 상대방이 하는 말이나 행동이 틀렸더라도 그렇게 말하는 것은 예의에 어긋나는 것 같습니다. '싫다'나 '아니'라는 말 대신 '글쎄'나 '생각 좀 해 볼게'라는 말도 있는데 왜 꼭 불편해지는 말을 하는 걸까요?

'기쁘게 하라' 신념을 가진 사람

'기쁘게 하라' 신념을 가진 사람들은 어디를 가나 사랑받을 만큼 리액션도 풍부하고 사람들의 공감을 끌어내는 매력을 가졌습니다. 주로 어릴 적부터 집안의 분위기 메이커 역할을 해 온 사람들에게서 이런 모습을 볼 수 있습니다. 사교적인 성격 덕분에 모임도 많고 모두를 기분 좋게 만드는 능력이 있습니다. 왜냐하면 '나는 타인을 기쁘게 해야 한다'는 신념이 이들의 오랜 생존 전략이기 때문입니다.

또한 관계에서의 불편함을 극도로 싫어합니다. 명확한 '예', '아니오' 보다는 두루뭉술한 '괜찮아요', '좋을 대로 하세요' 같은 말을 주로 사용합니다. 혹시나 나의 단호한 대답이 잘못되거나 예기치 않은 방향으로 흘러간다면 이것마저도 타인을 기쁘게 하는 일에 위배되기 때문입니다. 어떤 일을 결정할 때는 본인이 의견 내기를 꺼리거나, 스스로 결정하지 못해 괴로워하기도 합니다.

과잉 친절 하지 마세요

이들의 문제는 내가 잘하고 있는지 못하고 있는지를 타인에게 확답을 받아야 마음이 편하다는 점입니다. 이런 사람들이 가장 조심해야 하는 것은 바로 타인을 향한 과잉 적응입니다. 누구나 때로는 쉬고 싶을 때가 있고, 충전을 해야 할 때가 있습니다. 하지만 '기쁘게 하라' 신념을 가진 사람들은 아무리 스케줄이 빡빡해도 빈 시간에 계속 약속을 채워 넣습니다. 내 몸과 마음은 진작부터 휴식을 달라며 비명을 지르고 있는데도 말이죠.

다른 사람들과 어울려 즐거운 시간을 보내는 것은 좋습니다. 하지만 타인이 내 세상의 중심이 되고, 정작 나는 존재하지 않는 것은 당연하지 못한 일입니다. 직장 동료의 처지가 딱해서 카풀(목적지가 같은 방향인

운전자들이 비용을 줄이기 위해 한 대의 승용차에 동승하는 일)을 하거나, 여건이 될 때 데려다주는 것은 괜찮으나 자신과 정반대 거리에 사는 동료를 위해 왕복 100킬로미터를 불사하고 데려다주는 것은 지나친 일입니다.

나를 들여다보는 시간

☐ 이 세상에서 가장 소중한 것은 나예요. 나를 필요로 하는 그 사람들은 내가 있고 난 다음입니다. 그러니 부디 그 사람들을 위해 가장 소중한 나를 아무 곳에나 두지 마세요.

아픔을 느낄 수도
말할 수도 없는 나

#. 이 정도는 나 혼자서 해도 충분한데

회사 승급자 교육에서 여자 친구를 처음 만났습니다. 저보다 어리지만 단단하고 속 깊은 모습이 마음에 들었습니다. 당시 여자 친구는 여수, 저는 서울에서 근무해서 지방 출장을 갈 때나 주말에 틈틈이 만나 사랑을 키워 왔습니다.

그러다 얼마 전에 여자 친구가 서울로 발령을 받았습니다. 집을 구하는 일부터 이사 준비, 자리를 잡는 것까지 제가 많이 도와줘야겠다고 마음먹었죠. 그런데 여자 친구는 '서울에 있는 사촌 언니와 집을 구하는 게 편하다', '포장 이사를 불렀다'는 말로 제가 오기를 극구 말렸습니다. 그때는 '사촌 언니도 있고, 부모님도 함께 올라오시니 부담스럽나 보다'고 생각했습니다.

그런데 나중에 안 사실이지만 이사하는 날에 아무도 없이 혼자 짐 정리를 했더군요. 도대체 제가 도와주겠다는 호의를 왜 거절했는지 모르겠습니다. 남자 친구인 내가 못 미더운 건 아닌지 걱정스럽기도 했고요.

"너는 왜 힘들어도 말을 안 해?"

이후에도 여자 친구는 얼굴에 그늘이 져도 저에게는 힘들다고 말하지 않았습니다. 힘든 게 있으면 말해 달라고, 힘이 돼 주고 싶다는 저의 말에 여자 친구는 고개만 끄덕일 뿐 속을 알 수 없는 한숨만 반복했습니다. 그럴수록 서로 알아 간다는 느낌이 아니라 우리 사이에 벽이 생기는 것 같았습니다.

우리는 결국 이 문제로 헤어졌고, 헤어지는 날 저는 그 친구에게 '너는 혼자서도 잘하니까 내가 없어도 잘 살 거야'라고 말했습니다. 그랬더니 그 친구가 하는 말이 제 가슴을 찢어 놓았습니다.

"만나는 사람마다 헤어질 때는 꼭 그렇게 말하더라. 그래, 알았어. 잘 살게."

'강해져라' 신념을 가진 사람

사연 속 여자 친구는 어린 시절에 아버지가 조선소에서 배 만드는 일을 했고 어머니는 아버지의 회사 식당에서 밥 짓는 일을 했습니다. 맞벌이 부모 밑에서 3남매가 길러졌는데 특히 부모님은 첫째 딸인 여자 친구에게 기대가 컸습니다. 그런 여자 친구는 늘 '네가 잘돼야 동생들도 잘된다', '네가 힘들어하는 모습을 보이면 집안 전체가 흔들린다' 같은 말을 듣고 살았다고 합니다.

'강해져라' 신념을 가진 사람은 자립심이 강하고 어떤 일이든 혼자 알아서 척척 해결하는 습관이 몸에 배어 있습니다. 그렇기 때문에 본인의 감정을 드러내는 것을 매우 힘들어합니다. 왜냐하면 '나는 강해야만 한다'는 신념이 아주 오래전부터 학습돼 온 생존 전략이기 때문입니다.

'나 힘들어.'

'네가 도와주면 좋겠어.'

'나를 좀 봐 줄래?'

이런 말을 꺼내는 것은 그들에게 죽기보다 힘들 수 있습니다. 어쩌면 자신이 지금 슬픈지, 아픈지조차 모르는 상태일 수도 있습니다. 자신들의 상처는 별것 아니라고 생각하기 때문입니다. 이들은 유독 자신이 처한 아픔이나 슬픔에는 가혹하게 굴고 모르는 척합니다.

'이 정도의 슬픔이나 아픔은 누구나 갖고 사는 것 아니야?'
'이렇게 살지 않는 사람이 어디 있어? 다들 이겨 내는 거지.'

힘들다고 해도 됩니다

이들은 주변 사람에게 "넌 늘 잘해 왔잖아"라는 말을 자주 듣습니다. 실은 슬프고 아프지만 그런 자신의 마음을 '강해야 한다'는 말로 금지시킵니다. 약해진 마음을 누군가에게 표현할 수 없고, 마음 놓고 위로받을 수도 없습니다.

어떤 일이든 혼자서 척척 잘 헤쳐 나가는 모습은 누가 봐도 든든하고 기특한 일입니다. 그러나 정작 자신의 감정을 제대로 알지 못한 채 슬픔과 아픔을 마냥 덮어 두기만 한다면 그것은 당연하지 못한 일입니다.

때로는 그런 당신이 안타까워 다가오는 사람에게 '난 괜찮아'라며 밀어 내고 아무렇지 않은 척, 아무 일 없는 척 생활하는 것도 지나친 일입니다. 혹시 남들이 투정 부린다고 욕할까 봐 겁이 나나요? 나를 약한 사람으로 볼까 봐 두렵나요? 아니요. 어쩌면 오히려 고마워할 것입니다. 숨기지 않고 털어놔 줘서 고맙다고 말이죠.

나를 들여다보는 시간

☐ 내 기분쯤 남에게 이야기해도 괜찮습니다. 그것은 자존심 상하는 일이 아닙니다.

뭐든 열심히 하지만
딱히 잘하는 것도 없는 나

#. 열심히는 하는데 왜 성과가 없을까?

저는 교육 팀에서 근무하고 있습니다. 저희 팀장님이 회사를 그만두고 다른 팀에서 15년째 근무 중인 김 차장님이 저희 팀장으로 발령됐습니다. 일손도 모자랐는데 이 회사에서 15년 동안 일한 분이라면 우리 팀 업무가 빨리 제자리로 돌아올 수 있겠다는 기대감이 들었죠. 새로 온 팀장님은 인상이 부드러웠습니다. 또, 회의 때마다 업무 내용을 꼼꼼히 적는 모습 또한 좋은 시그널이라 받아들였습니다.

그런데 점점 이상한 점을 느꼈습니다. 일단 팀장님의 자리까지 가는 길이 왜 그리도 험난한지요. 팀장님의 자리 근처에는 온갖 서적과 서류들로 가득해 발 디딜 틈이 없을 정도입니다. 처음 며칠은 팀장님이 아침마다 서류를 열심히 검토하는 모습이 좋았습니다. 하지만 정작 업무에 도움이 되는 결과물은 없었습니다. 처음 하는 일이라 못하는 게 아니라 실은 일 센스가 없는 것이었죠. 팀장님은 매번 이렇게 말했습니다.

"업무를 조속히 파악하도록 노력하겠습니다."

팀장님과 같이 일했던 동료의 말을 들어 보니 그 전에 있었던 모든 팀에서도 그는 항상 열심히 하는 사람, 착한 사람이었지만 일 잘하는 사람은 아니었습니다. 서류를 한껏 쌓아 놓고 늘 뭔가를 적지만, 막상 결정적인 아이디어는 없었습니다.

심지어 그는 업무가 끝나면 늦은 시간까지 사내 온라인 강의를 보며 공부했습니다. 하지만 늘 끝맺음이 부족했습니다. 그러니 회사 생활 15년 차임에도 주요 의사 결정은 팀 내 실무자들이 하고 그는 상사에게 전달하는 역할만 했던 것입니다. 자리에 돌아와서 팀장을 보니 안쓰럽기도 하고 답답하기도 했습니다. 그렇지만 결국 그의 업무가 나의 일이 될 것이라고 생각하니 마음이 편하지 않았습니다.

'강한 자가 살아남는 게 아니라 버티는 자가 살아남는다'는 말이 역시 회사에서는 통하나 봅니다.

'열심히 하라' 신념을 가진 사람

사연 속 직원은 새 팀장의 과거사를 들을 기회가 있었습니다. 팀장의 아버지는 고위 군인으로 부하들이 출퇴근 시간에 엄호를 했다고 합니다. 아버지는 보수적이고 예민한 성격이었습니다. 여자는 발소리도 내서는 안 된다며 늘 집 안 거실에서 발꿈치를 들고 종종걸음으로 다니게 했을 정도니까요. 집에 들어오면 신발은 가지런히 모아 한쪽에 둬야 했고 흙이라도 묻어 있으면 부리나케 혼을 냈습니다. 그는 불과 6살 나이에 신발을 늘 깨끗이 닦아 놓아야 했습니다.

팀장의 어머니도 아버지만큼 무서운 분이었습니다. 학교에서 중간 정도의 등수를 유지했던 팀장은 항상 학교를 마치고 돌아오면 부지런히 책을 펼쳐야 했습니다. 책에 밑줄을 그으며 열심히 공부하는 모습이라도 보여야 잔소리도 덜 듣고 무사히 학교에 다닐 수 있었으니까요. 한번은 학교에서 상을 받아 왔는데 어머니는 칭찬 대신 이렇게 말했다고 합니다.

"상 하나에 일희일비하지 말고 전체를 봐. 지금 네가 어디쯤 있는지."

사연 속의 팀장은 전형적인 '열심히 하라' 신념을 가진 사람입니다. 이들은 '~을 하겠다', '할 수 있다'는 말 대신에 노력하고 시도해 보겠다는 말을 자주 사용합니다.

'열심히 하도록 노력하겠습니다.'
'그 일이 빠르게 진행되도록 노력하겠습니다.'

왜냐하면 아주 어릴 적부터 '나는 열심히 해야 한다'는 마음을 생존 전략으로 삼았기 때문입니다.

이런 사람들은 실제로도 어떤 일이든 열정적으로 임하고 끊임없이 무엇인가를 시도합니다. 하지만 때때로 자신이 무엇을 위해 열심히 하는지, 이 일을 왜 해야 하는지도 모른 채 '열심히 하면 좋은 날이 올 것이다'라고 막연한 생각만 합니다.

앞만 보고 달리지 마세요

어디에 소속돼 있든 그 모임, 그 자리, 그 역할에 최선을 다하며 열정적으로 사는 것은 대단한 일입니다. 하지만 내가 왜 여기에 있는지, 무엇을 위해 이 일을 하고 있는지도 모른 채 마냥 달리고만 있다면 그

것은 당연하지 못한 일입니다.

하다 보니 이것도 중요하고 저것도 중요한 것 같아 애초에 계획해 둔 것들 사이에서 자꾸만 중심을 잃는다면 그것 또한 지나친 일입니다. 우리가 밥을 먹을 때 '열심히' 먹나요? 화장실에서 볼일을 볼 때, 세수를 할 때 '열심히' 한다고 말하나요? 아니요. 그냥 합니다. 그냥 할 일은 그냥 하고, 정말 열심히 해야 할 일은 열심히 해야 합니다.

 나를 들여다보는 시간

☐ 삶에는 늘 완급 조절이 필요합니다. 열심히 할 일과 그냥 할 일을 구분합시다.

마음은 급한데
진도가 안 나가는 나

#. 결혼 생각이 없어 보이는 남자 친구가 답답하다

결혼을 축하하는 음악이 울려 퍼지고 신랑과 신부는 하객 모두가 보는 앞에서 그들의 사랑이 영원할 것이라는 서약서를 읽습니다. 두 사람을 진심으로 축복해 주는 사람, 결혼은 신혼여행이 전부라며 행복을 비웃는 사람, 헤어진 연인을 생각하는 사람, 내 아들딸의 결혼식을 회상하는 사람…. 아마 이 순간 사람들은 각자 다른 생각을 하고 있을 것입니다.

결혼 소식이 자주 들려올수록 제 기분은 별로입니다. 다른 사람들은 제짝을 만나서 제때에 결혼하는데 나는 결혼을 할 수 있을지, 없을지도 모르겠습니다. 이런 생각이 들 때면 제 남자 친구가 한없이 미워집니다.

'지금부터 서둘러도 시간이 모자랄 판인데 이 사람은 생각이 있는 거야, 없는 거야? 남자랑 여자는 나이 드는 속도부터 다르다는 것 모르나? 지금 결혼해서 아이를 낳아도 그때가 되면 노산이라는 것을 아는지, 모르는지⋯.'

남자 친구는 이런 제 속도 모르고 게임과 당구에 정신이 팔려 있습니다. 최근엔 비싼 자동차까지 새로 구입하겠다고 합니다. 저의 언니 둘은 대학교 졸업과 동시에 결혼해서 아들딸 낳고 잘 살고 있습니다. 이제 집에서 남은 사람은 저 하나입니다. 이제는 '부모님 성화에 못이기는 척 선이라도 봐야 하는 게 아닌가?' 싶은 생각까지 듭니다. 학교 다니면서 한 번도 지각해 본 적 없고 대학도 제때 졸업하고 직장도 제때 들어갔습니다. 그런데 왜 결혼만은 제때에 하는 게 어려운지 모르겠습니다.

내 나이 벌써 스물일곱, 이제 곧 서른이 될 텐데 마냥 조급하기만 합니다.

| 나를 몰랐기 때문이다 |

'서둘러라' 신념을 가진 사람

'서둘러라' 신념을 가진 사람들이 자주 하는 말이 뭔지 아시나요?

'어서 빨리 하자.'
'시간이 없다.'

'나는 서둘러 무엇인가를 해야만 한다'는 신념이 어린 시절부터 학습돼 온 생존 전략이기 때문입니다. 27살이 되기 전에 꼭 결혼해야 하는 것도 아닌데 '늦었으니 서둘러야 한다'고 생각합니다. 심지어 언니들이 나보다 빨리 결혼했고 부모님도 원하기 때문에 사연자의 마음이 더 조급해지죠.

한번은 CEO를 대상으로 소통에 대한 강연을 한 적이 있습니다. 그당시 교육 담당자의 태도가 꽤나 인상적이었습니다. 그는 대기실에서 강연을 기다리는 동안 휴대폰 케이스를 열고 닫기를 반복하고, 다리를 떨면서 초조해했습니다. 꼭 급한 연락을 기다리는 사람 같았죠. 청중들 반응이 안 좋은 건지, 시간이 늦어지거나 뭔가 잘 안 풀리고 있는건 아닌지 하는 생각이 들 정도였습니다. 실제로는 그날 교육이 잘 진행됐고 문제가 될 상황도 전혀 없었습니다. 그럼에도 그 담당자는 무엇인가에 급히 쫓기는 모습이었습니다.

이처럼 '서둘러라' 신념을 가진 사람들은 말투와 행동에서 조급함이 묻어납니다. 유독 서두르는 모습, 빠르고 급한 말투, 말을 더듬는 것처럼 보이거나 다리를 떨며, 손가락으로 책상을 톡톡 두드리고, 의자를 흔들며 시계를 반복해서 보는 등의 모습이 특징입니다. 게다가 누군가와 대화하면서 시선은 끊임없이 이곳저곳을 향해 움직이는 것을 볼 수 있습니다.

한 번 더 생각할 시간이 필요해요

이들은 늘 아이디어가 많고 능동적입니다. 자발적이고 계획도 잘 세웁니다. 하지만 벌여 놓은 일을 서둘러 마무리 지으려는 욕심 때문에 핵심을 놓치고 맙니다. 결혼처럼 서두를 수 없는 일조차 서둘러야 한다는 생각을 해서 잘못된 선택을 할 가능성이 높습니다.

톡톡 튀는 아이디어와 늘 분주히 움직이는 모습은 나, 가족, 그리고 조직에 활력을 가져다줍니다. 하지만 서둘러야 한다는 마음 한편에는 늘 조급함이 있습니다. 급하게 쏟아 내느라 정신없는 대화, 계속해서 책상을 두드리고 다리를 떠는 모습, 불안한 듯 흔들리는 눈빛에 본인

| 나를 몰랐기 때문이다 |

의 진심을 담지 못한다면 그것은 당연하지 못한 일입니다.

빨리 뭐라도 해야 하는데 진도는 나가지 않고 답답한 마음에 애석하게도 자꾸만 자신을 다그치게 된다면 그것은 지나친 일일 것입니다.

나를 돌여다보는 시간

☐ 남들에게 뒤처질까 조급해질 때면 숨을 한 번 크게 들이쉬고 잠시 멈춰 보세요. 천천히 간들, 급하게 간들 어차피 누구나 그곳에 도착하기 마련입니다.

열심히 살아도
불안한 당신에게

▶ 나는 완벽해야 한다

▶ 나는 타인을 기쁘게 해야 한다

▶ 나는 강해져야 한다

▶ 나는 열심히 해야 한다

▶ 나는 서둘러야 한다

2장에서는 1장에서 소개한 열심히 사는 사람들의 대표적인 5가지 신념을 어떻게 다스리는지 소개합니다. 이 신념들이 무조건 좋다고도, 나쁘다고도 할 수 없습니다. 어쩌면 일과 인간관계 등 여러 가지 면에서 성과를 내는 데 도움이 될 수도 있을 것입니다. 중요한 것은 그 정도가 너무 지나치거나 한쪽으로 치우치지 않아야 한다는 점입니다.

어떤 신념이든
'적당히'가 중요하다

#. 시댁 편만 드는 효자 남편

제 신랑은 효자입니다. 문제는 효자도 너무 효자라는 점입니다. 일주일에 한 번 집에 올까 말까 하는데 그마저도 아이들과 시간 보낼 생각은 안 하고 시누이 쇼핑 따라가 주고, 시댁에서 저녁을 먹자고 합니다. 게다가 시어머니한테 회사에서 있었던 일은 물론 저와 싸운 이야기까지 시시콜콜 다 일러바치지를 않나, 뭘 하든 항상 시댁 편을 듭니다. 저번에는 아이를 낳고 몸이 아파서 친정에 가 있겠다는 저에게 뭐라고 한 줄 아세요?

"어머니가 혼자 있어서 적적하실 테니 그냥 집에 있는 게 어때?"

효자도 이런 효자가 없습니다. 더군다나 저는 아직 신랑의 월급도 모르고 생활비를 받아서 쓰는데 제가 일하러 가는 것도 싫어합니다. 남편이 아닌 남의 편, 어떻게 하면 좋을까요?

중용을 지켜라

아리스토텔레스의 '중용'에 대한 이야기를 해 보겠습니다. 아리스토텔레스는 고대 그리스의 철학자로 학문 전반에 걸쳐 백과사전적인 연구를 했습니다. 그의 유명한 저서 중《니코마코스 윤리학》은 아들인 니코마코스의 이름을 붙인 것으로 마치 '아들아, 인생은 이렇게 살아라'라는 잠언의 내용을 담은 책입니다.

대략의 내용은 이렇습니다. 인간이 행복하게 살기 위해서는 탁월함을 가져야 하는데 여기서 탁월함이란 '지적으로 탁월한 것', '성격적으로 탁월한 것' 이 2가지를 말합니다. 그리고 이 2가지는 중용, 절제, 용기, 온화, 진실성 등의 요소가 뒷받침돼야 한다는 이야기입니다.

여기서 주목할 것은 '중용'입니다. 중용이란, '지나치거나 모자라지 아니하고 한쪽으로 치우치지도 아니한, 떳떳하며 변함없는 상태나 정도'를 의미합니다. 지나치지도 않고, 모자라지도 않고, 한쪽으로 치우치지도 않은 것의 기준은 무엇일까요? 이 책에서는 5가지의 '마땅함'을 그 기준으로 제시합니다.

○ '마땅히' 그래야 할 때
○ '마땅히' 그래야 할 일에 대해
○ '마땅히' 그래야 할 사람에 대해
○ '마땅히' 그래야 할 목적을 위해
○ '마땅히' 그래야 할 방식으로 행위하는 것

마땅히 그래야 할 때가 아니라면

부모님에 대한 효도는 당연히 자식으로서 해야 할 일입니다. 하지만 사연 속 남편처럼 '우리 부모님이 나를 위해 얼마나 고생했는데, 나는 반드시 효도를 해야 한다'는 잘못된 애착 관계 때문에 정작 나의 처자식은 신경 쓰지 않고 부모에게만 매달리는 것은 '마땅히 그래야 할 때'가 아닙니다. 지금은 내 가족이라는 울타리가 만들어졌습니다. 그리고 가족이라는 것은 서로 아끼고 위하며 살아가야 할 의무가 있습니다.

일주일에 한 번 집에 오는 주말에 아이들과 아내 대신 누나와 시간을 보내는 것 역시 마땅한 일이 아닙니다. 물론 따라가는 것 자체가 나쁘다고 할 수는 없습니다. 하지만 먼저 본인의 배우자와 아이들이 무엇을 원하는지 귀를 기울일 필요가 있는 것입니다. 또한 아내가 몸이 아파서 친정에 가겠다는 것을 막거나, 본인의 월급을 공개하지 않고 일을 못하게 막아서는 일 역시 마땅히 그래야 할 목적을 위한 것도, 마땅히 그래야 할 방식으로 행동하는 것도 아닙니다.

 나를 들여다보는 시간

□ 당신이 그렇게나 애쓰고 공을 들이는 지금의 '그 일'이, 당신의 삶에서 '마땅히 그래야 할 것'이 맞습니까?

이제는 왜곡된 신념을
뒤집어야 할 때

과연 이 공은 어디서 날아왔는가?

길을 지나면서 공에 맞으면 대부분 본능적으로 아픈 곳을 감싸고는 이 공이 어디에서 날아왔는지 확인합니다. 나를 맞춘 이 공을 누가 던졌는지, 고의로 던진 건지, 생명의 위협을 느낄 정도로 위험했는지 등을 따지면서 말이죠.

만약 아이들의 실수였다면 웬만해서는 아픔을 참고 다시 가던 길을 갈 수 있습니다. 하지만 누군가가 고의로 던졌거나 공이 또 날아올 수도 있다고 판단되면 우리는 그곳을 피하거나 상대방에게 직접 다가가서 주의를 줄 수 있습니다. 너무 아프고 무서워서 잠시 멈춰 있을 수도 있지만 공에 맞고도 태연히 가던 길을 가는 사람은 아무도 없을 것입니다.

우리의 감정도 마찬가지입니다. 열심히 사는데도 불안하고, 삶에 그럭저럭 만족하다가도 문득 목에 뭔가가 걸린 것처럼 울컥할 때 제일 먼저 들여다봐야 할 것은 바로 나의 마음입니다. 특히 늘 반복되는 상황이라면 더욱이 그 출처를 찾아 들여다봐야 합니다.

'이 감정, 느낌, 행동이 어디에서 비롯된 걸까?'

간혹 사람들에게 이런 질문을 받습니다.

"지금 먹고살기에도 머리가 복잡한데 굳이 과거까지 생각해야 하나요?"

이 말은 '날아온 공에 맞긴 했는데 어디서 날아왔는지는 됐고, 지금 당장 아파 죽겠으니 치료부터 합시다'라는 말과 같습니다.

물론 틀린 말은 아닙니다. 하지만 항상 이런 방식으로 해결한다면 다음에 날아든 공, 그다음에 날아든 공도 영원히 피할 수 없습니다. 원인을 모른 채로 맞고, 치료하기를 반복해야 할 것입니다. 진정한 자기

| 나를 몰랐기 때문이다 |

변화는 불청객처럼 날아온 과거의 상처를 치유하고 온전히 지금 현재에 머물러 있을 때 이뤄지는 것이니까요.

나의 생존 전략이 지금의 문제를 해결해 주는가?

ㅇ 나는 완벽해야 한다
ㅇ 나는 타인을 기쁘게 해야 한다
ㅇ 나는 강해져야 한다
ㅇ 나는 열심히 해야 한다
ㅇ 나는 서둘러야 한다

이 5가지 신념은 저마다 어린 시절에 우리가 선택한 생존 전략들에서 비롯된다고 소개했습니다. 그렇다면 지난날 내가 사용해 왔던 이 생존 전략들이 과연 어디에서 날아든 공인지도 생각해 볼 필요가 있습니다. 물론 태어난 환경과 집안 분위기, 가치관과 우선순위, 추구하는 예절의 정도, 대화 방법, 버릇, 문제를 해결하는 태도 등 무수히 많고 복잡한 요소가 존재하므로 이때는 이런 전략, 저때는 저런 전략을 사용했을 것이라고 공식처럼 정답을 내릴 수는 없습니다.

다만 나의 가치관, 신념이 존재하기까지 중요한 인물들로부터 늘 들어 왔던 말은 무엇이었는지, 그것을 뒷받침해 주는 사건은 어떤 것들이 있었는지를 떠올리며 이 모든 것이 과연 지금의 문제를 해결하는 데 도움이 되는지를 따져 봐야 합니다. 그리고 이 물음들에 대한 답을 먼저 내리자면 '그때는 맞았을 수 있지만 지금은 틀렸다'입니다.

나를 들여다보는 시간

☐ 사소한 것도 좋습니다. 그 감정을 불러일으킨 단서를 찾아보세요. 무엇이 당신을 외롭게 했는지, 무엇으로부터 배신감을 느꼈는지 말입니다.

그때는 맞고
지금은 틀리다

#1. 내 행복을 담보로 가족의 평화를 지키다

아버지가 술을 먹고 들어오는 날이면 우리 가족은 두려움에 떨었습니다. 어머니는 하염없이 울고 무너지는 모습을 보였죠. 그나마 집의 희망은 오빠와 저였는데 오빠가 사춘기에 접어드니 아버지의 모습을 그대로 따라 하는 것이었습니다. 심지어 어머니에게 술값과 유흥비를 요구하는 것까지 닮아 있는 모습에 어머니는 무너질 수밖에 없었습니다. 그렇게 오빠의 방황이 깊어질수록 어머니는 늘 제게 말하셨습니다.

'내가 너 때문에 산다.'

'네가 나의 희망이다.'

시간이 흘러 하루빨리 집에서 벗어나고 싶은 마음에 20대 초반, 이른 나이에 서둘러 시집을 갔습니다. 하지만 친정 형편을 나 몰라라 할 수 없어 금전적, 정신적으로 친정에 메일 수밖에 없었고 결국 저는 이혼하게 됐습니다. 지금은 어머니를 모시며 오빠가 밖에서 낳아온 딸을 기르며 살고 있습니다. 그래도 그때와 달리 어머니를 모시며 조금이라도 마음 편히 살 수 있는 지금이 행복합니다.

#2. 어린 시절의 외로움이 현재까지 이어지다

저는 5남매 중 막내딸입니다. 아버지와 어머니는 중학교, 고등학교 선생님이고 위로 오빠 둘, 언니 둘이 있습니다. 어린 시절을 떠올려보면 비교적 여유로운 환경에, 가족들에게 사랑을 받았지만 함께할 시간이 부족했습니다. 언니, 오빠들은 학원을 다니느라 바빴어요. 식구들이 북적할 때는 기분이 좋았지만 다들 할 일을 하러 나갈 때마다 저는 혼자 집이나 놀이터에서 시간을 보냈습니다.

결혼을 하고 사회생활을 하는 지금, 저는 불쑥 사람들이 저를 필요할 때만 찾는 것 같은 기분이 들어 상처를 받습니다. 먼저 누군가에게 손을 내밀면 그 사람들은 항상 내 손을 뿌리치고 다른 더 좋은 곳으로 떠나는 기분이 듭니다. 그래서 사람을 잘 믿지 못하겠어요. 늘 배신당하는 기분이 들어 헛헛하고 슬픈 기분이 듭니다.

상처받았던 '그 순간'은 지났다

　어떤 사람은 중요한 사람으로부터 받은 아픔이나 상실감 때문에, 어떤 사람은 자신의 솔직한 감정을 있는 그대로 수용받지 못한 슬픔 때문에, 어떤 사람은 결코 가족의 기대를 저버리고 싶지 않은 마음 때문에…. 모두 자신이 할 수 있는 최선의 방법으로 각자의 삶을 선택했을 뿐입니다.

　어찌 보면 너무 착하고 기특해서 온 마음으로 보듬어 주고 싶은 사람들입니다. 하지만 분명한 것은 이런 태도가 아동기 시절의 미성숙한 전략일 뿐이라는 사실입니다. 이것은 그때는 맞았을 수도 있지만 지금은 틀린 전략입니다. 문제가 생길 때마다 항상 같은 전략으로 문제를 해결해 왔는데, 현재 상황엔 맞지 않는 무기였던 것이죠.

　수용받지 못했던 어린 시절의 슬픔은 그때의 슬픔일 뿐, 현재의 사람들 때문에 생긴 감정이 아닙니다. 다른 사람이 나를 외롭게 한다는 기분은 단지 내 생각일 뿐입니다. 지금은 분명 그때와 다릅니다. 부모의 기대는 당신의 기대일 뿐이고 그때의 기대일 뿐입니다. 우리는 몸과 마음이 자란 어른이니까요.

몸이 자란 만큼 마음도 자란 우리는 더 이상 어린 시절의 무력했던 내가 아닙니다. 스스로 상황을 헤쳐 나갈 힘이 있다는 것을 반드시 알아차려야 합니다.

 **나를 들여다보는 시간**

☐ 어린 시절 나의 주변인들을 두둔하거나 대신 변명하지 않아도 됩니다. 그냥 나 자신만 생각하세요. 그것이 더 인간적입니다.

눈치 보지 말고
불안해하지 말고

"난 너에게 증명할 것이 없어"

마블 영화에 등장하는 영웅 중에서 가장 강력한 캐릭터가 등장했습니다. 바로 '캡틴 마블'입니다. 남성 캐릭터만 즐비하던 과거와는 달리 강력한 여성 캐릭터가 등장해 드디어 유리 천장이 깨졌다는 평가까지 받고 있습니다. 영화의 주인공은 이런 말을 듣습니다.

"여자가 무슨."
"네가 도전하기에는 너무 위험한 것 같다."

어떤 이유에서인지 기억을 잃은 주인공은 어린 시절부터 야구장, 레이싱 트랙에서 끊임없이 넘어지고 실패하기를 반복하며 동급 남자들에게 조롱을 받지만 아랑곳하지 않고 다시 일어나 공군의 시험 비행사로 활약하는 자신의 모습을 보게 됩니다.

기억을 잃었을 때부터 본인을 단련시켜 준 남자 선배에게 이용당했다는 것 역시 깨닫게 되는데요. 이 남자 선배는 끊임없이 '너는 감정적이야', '네 스스로 너를 억제하고 화를 눌러야 해', '드러내면 안 돼'라는 말로 주인공의 의식을 세뇌합니다. 하지만 이것이 본인의 진정한 모습이 아님을 알아차리고 드디어 복수가 시작됩니다. 그 과정에서 진정한 자신의 힘을 발견하게 됩니다. 마지막 장면에서 싸움에서 패한 이 남자 선배가 나름 기지를 발휘해 또 주인공을 현혹하려고 합니다.

"지금까지 잘 싸워 줬어. 하지만 내가 늘 그랬지. 네 스스로 자신을 억제하는 법을 배워야 한다고."

하지만 캡틴 마블은 이렇게 이야기합니다.

"난 너에게 증명할 것이 없어."

적어도 내가 나를 공격하지는 말아야 합니다

　자가 면역 질환은 우리 몸을 지켜 주는 면역 항체들이 외부에서 들어오는 나쁜 세균 대신 내 몸에 있는 정상적인 세포와 조직을 나쁜 세균으로 착각해서 공격하는 질환입니다. 바로 '내가 나를 공격하는 병'이라고 할 수 있죠.

　자가 면역 질환이 육체적인 질환만은 아닙니다. 정신도 마찬가지입니다. 우리는 내가 나를 공격하고 힘들게 하는 일이 너무 많습니다. 하지만 적어도 내가 나를 공격하지는 말아야 합니다. 이제는 나의 잘못된 신념과 반대되는 말을 해 주면 어떨까요.

　'지금 이대로도 충분하다.'

　'누구보다 자신을 먼저 기쁘게 하라.'

　'자신이 원하는 것을 언제든 표현해도 좋다.'

　'열심히 하지 말고 그냥 해도 좋다.'

　'서두르지 말고 여유를 가져라.'

　항상 완벽해야 했다면, 누군가를 기쁘게 해야 했다면, 누구보다 강해져야 했다면, 열심히 하고 서둘러야만 했다면. 그래서 그렇게 하지 못하는 나를 한심하고 답답하게 여겼다면, 이제부터는 나에게 올 프리 패스(all free pass) 허가증을 주는 것은 어떨까요? 누구의 눈치를 볼 필요도, 불안해할 필요도 없습니다. 누구에게 증명하지 않아도 나는 '나'입니다. 그뿐입니다. 나를 허가해 주세요. 세상에서 가장 소중한 사람은 바로 나 자신이니까요.

잘못된 신념	어린 시절의 생존 전략	솔루션: 허가하기
완벽하라	나는 완벽해야 한다	지금 이대로도 충분하다
타인을 기쁘게 하라	나는 타인을 기쁘게 해야 한다	먼저 자신을 기쁘게 하라
강해져라	나는 강해져야 한다	자신이 원하는 것을 언제든 표현하라
열심히 하라	나는 열심히 해야 한다	그냥 하라
서둘러라	나는 서둘러야 한다	여유를 갖고 하라

《현대의 교류분석》 240p 참고

나를 들여다보는 시간

☐ 내 안의 나와, 사회적인 내가 달라 힘이 드나요? 애써 증명해 보이려고 하지 마세요.

나는 어떤 삶을
반복하는 사람인가?

_과정 각본

▶ 끝날 때까지 쉴 수 없다: '까지' 각본
▶ 끝없이 반복되는 공허함: '거의' 각본
▶ 항상, 언제나 같은 모습: '항상' 각본
▶ 그 후가 걱정이다: '그 후' 각본
▶ 아무것도 할 수 없다: '결코' 각본
▶ 그냥 이렇게 살다 죽을래요: '무계획' 각본

3장에서는 사람들이 삶을 살아가는 방식을 보여 주는 총 6개의 '과정 각본'을 그리스 신화 이야기에 비춰 소개합니다. 6명의 고민을 통해 각자 어떤 방식으로 삶을 반복하고 있는지 살펴보겠습니다.

인간상을 보여 주는
6가지 그리스 신화 이야기

인간과 닮은 신들의 모습

수천 년 전에 쓰인 그리스 신화가 아직까지도 대중서로 읽히는 이유는 무엇일까요? 우선 이야기가 자극적입니다. 신들의 왕 제우스만 보더라도 엄청난 바람둥이입니다. 여신들과 바람을 피우는 것도 모자라 양치기, 뻐꾸기, 황소, 구름, 독수리, 백조 등으로 둔갑해서까지 인간들과 정을 맺습니다.

제우스의 아내 헤라는 제우스의 바람을 관대하게 넘어가지 않습니다. '눈에는 눈, 이에는 이'라는 말이 딱 어울릴 만큼 제우스와 바람을 피운 상대에게 악랄하게 복수하고 그 사이에서 태어난 자식들까지 응징합니다. 고대 그리스의 이야기인데도 현시대를 사는 우리가 보기에 고리타분하거나 해묵은 느낌 없이 아주 흥미진진하고 귀를 자극할 만큼 솔깃합니다.

그리스 신화에 등장하는 인물들은 인간과 매우 닮아 있습니다. 제우스, 헤라뿐만 아니라 제우스와 아크메네 사이에서 태어난 헤라클레스를 봐도 그렇습니다. 헤라클레스는 시기심과 복수심에 눈먼 헤라의 꾐으로 잠깐 미친 나머지 처자식을 다 죽여 버립니다. 결국 살인자라는 낙인이 찍혔고 델포이의 신탁을 받아 12가지 과업을 시작하는데요. 제아무리 영웅이 될 팔자를 타고나도 타인의 모함이나 인생의 역경은 누구도 예외가 없음을 보여 줍니다.

삶의 방식을 보여 주는 '과정 각본'

그리스 신화는 우주 만물이 탄생하게 된 배경을 설명해 줍니다. 제우스에 얽힌 이야기를 조금 더 해 볼까 합니다. 제우스가 헤라클레스의 이름을 지을 때도 무척이나 헤라의 눈치를 본 모양입니다. 헤라클레스의 이름은 '헤라의 영광을 위하여'라는 뜻입니다. 그만큼 질투 많은 헤라에게서 헤라클레스를 보호해 주고 싶었던 제우스의 아들 사랑이 담긴 대목입니다.

제우스는 인간과 신의 피가 섞인 헤라클레스를 완전한 신으로 만들고 싶었습니다. 그러려면 헤라의 젖을 먹여야 했는데요. 제우스는 헤라가 잠든 틈을 타 헤라클레스에게 헤라의 젖을 물렸습니다. 그런데 헤라클레스의 힘이 얼마나 셌던지 자고 있던 헤라가 깜짝 놀라 헤라클레스를 뿌리치며 깨어났습니다. 이때 젖이 하늘로 뿌려지면서 은하수(milky way)가 됐다고 전해집니다.

이번엔 제우스가 구름으로 변신하면서까지 이오를 자기 애인으로 만들려고 한 '소로 변한 이오' 이야기입니다. 제우스는 강물의 신 이오에게 접근하다가 또 헤라에게 딱 걸리게 됩니다. 이번엔 들키지 않으려고 이오를 소로 둔갑시켜 헤라의 눈을 속였는데요. 이를 이상하게 여긴 헤라는 소로 둔갑한 이오를 눈이 100개 달린 괴물 아르고스에게 맡깁니다. 이에 제우스는 헤르메스를 시켜 아르고스를 죽게 만들고 이오를 탈출시킵니다. 헤라는 결국 자신 때문에 죽게 된 아르고스를 가엾이 여겨 그의 눈을 떼어 새에게 붙여 줍니다. 이것이 공작새 날개의 기원입니다.

이처럼 그리스 신화는 고대 문명에서 과학적으로 설명할 수 없는 현상들을 증명합니다. 더불어 인간의 탐욕, 시기, 질투, 사랑, 우정, 자애

등과 같은 내면에 숨겨진 마음의 원리까지도 말이죠.

타이비 카일러(Taibi Kahler)도 교류분석의 창시자인 에릭 번이 분류한 6가지 과정 각본을 그리스 신화에 비춰 분석했습니다. 과정 각본이란, 사람들이 삶을 살아가는 방식을 보여 주는 것입니다. 어린 시절에 각자가 써 놓은 생존 전략, 즉 각본을 어떻게 유지하며 살아가는지를 보여 주는 것이라고 할 수 있습니다.

지금부터 6명의 고민을 그리스 신화에 빗대어 보고 각자 어떤 방식으로 인생을 살아가고 있는지 살펴보겠습니다.

나를 들여다보는 시간

☐ "신화는 허구라는 모습으로 나타나는 마음속의 사실이다."

– 마야 데렌

"끝날 때까지 쉴 수 없다" 헤라클레스의 12가지 과업

#. 힘들지만 그때까지는 참아야지

A는 회사를 언제 그만둬야 할지 고민입니다. A는 크지도 작지도 않은 중소기업에서 부장 비서직을 맡고 있는데요. 이 부장이 본인의 스트레스를 자꾸 A에게 트집을 잡으며 풀기 때문입니다.

한번은 무슨 문제가 생겼는지 A의 얼굴을 보고 한숨을 푹 쉬면서 하루 종일 사무실의 온갖 환경 미화를 시키는 것입니다. 물론 회사를 하루 이틀 다니는 것도 아니고 이 정도는 내가 할 일이다 생각하며 기꺼이 할 수는 있었답니다. 그런데 정말 참을 수 없는 것은 다른 팀에서 자꾸 도와 달라는 명목으로 잡다한 일을 툭툭 맡긴다는 것입니다. 특히 제일 싫은 것은 다른 팀 과장님의 말투입니다.

"A 씨, 안 바쁘지?"

친구들은 전부 A에게 '그만둬라', '네 경력이면 다른 좋은 곳에 갈 수 있다'고 말합니다. 하지만 그럴 때마다 A는 이렇게 대답합니다.

"앞으로 남은 학자금 대출도 갚아야 하고, 돈도 모아야 하고, 결혼해서 애도 빨리 낳아야 하는데 그때까지는 참고 버텨야지. 당장 회사를 그만둘 수는 없잖아?"

일이 끝날 때까지 쉴 수 없는 '까지' 각본

헤라클레스는 헤라의 갖은 핍박 속에서 자랐습니다. 헤라는 질투심에 사로잡혀 헤라클레스를 잠깐 동안 미치게 만들었습니다. 이때 헤라클레스는 자신의 아내와 아들들을 모두 죽이고 이를 말리는 이까지 죽이려 했지만 아테나 여신의 도움으로 잠들게 됩니다. 마침내 잠에서 깬 헤라클레스는 자책하며 스스로 목숨을 끊으려고 했으나 테세우스의 만류로 목숨만은 잃지 않게 됩니다.

그 후 헤라클레스는 자신의 죄를 씻기 위해 에우리스테우스의 노예로 지내면서 목숨을 걸어야 할 만큼 아주 힘든 10가지 과업을 해결합니다. 그중 2가지는 에우리스테우스가 성과를 부정했기에 추가된 것으로 결국 '헤라클레스의 12가지 과업'이라는 이름이 붙게 됐죠.

결국 헤라클레스는 12가지 과업을 모두 달성하고 마침내 에우리스테우스에게서 풀려날 수 있었습니다. 헤라클레스는 이 12가지 과업을 이루는 동안 하나의 과업을 끝내기 전까지 다른 일은 시작할 수도, 쉴수도 없이 살았습니다.

언제까지 기다리기만 할 건가요?

'까지' 각본을 가진 사람들은 헤라클레스의 과업처럼 하나의 일이 끝날 때까지 다음 일로 넘어갈 수 없습니다. 회사에서 부장 비서직을 맡고 있는 A는 이미 예전부터 퇴사를 꿈꿨습니다. 하지만 눈앞의 목표를 모두 달성하기 전까지는 회사를 그만둘 수 없다고 생각합니다.

'학자금을 다 갚기 전까지는'
'결혼을 하기 전까지는'
'애를 낳기 전까지는'

'돈을 모으기 전까지는'

사실 A가 느끼는 힘든 상황에서 벗어날 방법은 많습니다. 상사에게 본인이 겪는 업무에 관한 애로 사항을 토로해 보거나, 업무의 역할과 책임을 재조정할 수 있게끔 여러 관계자에게 제안할 수도 있습니다. 또한 직장을 옮기는 일도 생각할 수 있습니다. 본인의 퀀텀 점프를 위해서라도 말이죠.

하지만 A는 갖은 이유를 대며 '그럴 수 없다'고 말합니다. 아직 자신에게는 해야 할 일이 많이 남았다는 이유에서 말이죠. 마치 헤라클레스가 12가지 과업을 끝내기 전까지는 아무것도 할 수 없는 것처럼 말입니다.

'까지' 과정 각본에 있는 사람들은 주로 이렇게 말합니다.

'돈을 다 모으기 전까지는 이 일을 그만둘 수 없어.'
'연말 모임 약속이 끝날 때까지는 다이어트를 할 수 없어.'
'이 프로젝트가 끝날 때까지는 아무것도 할 수 없어.'
'아이들이 대학교에 들어가기 전까지 나는 쉴 수 없어.'

'까지' 각본에 머물러 있는 사람들은 대개 하나의 일이 끝날 때까지는 다른 일을 시작할 수도 없고 쉬는 것조차 금지된 패턴 안에 있습니다. 그렇기 때문에 부디 내게 주어진 임무가 다 끝나기 전까지는 아무것도 할 수 없다는 생각을 멈추는 자세가 필요합니다.

굳이 지금 맡은 일, 하고 있는 일을 다 끝내지 못해도 좋습니다. 단지 그 과정을 즐기면 그뿐이니까요. 지금 여기에서 무엇을 하면 더 웃을 수 있는지, 어떻게 하면 마음이 더 안정될지를 생각하면서 최대한 그 일 안에서 행복을 누리세요. 그렇게 하면 당장은 불편하더라도 나중에는 반복된 패턴에서 벗어나 내가 원하는 일을 성취하는 데에 한 발 더 다가섰음을 느낄 것입니다.

 나를 들여다보는 시간

☐ 어느 정도의 궤도에 오를 때까지는 절대로 이것을 손에서 놓을 수 없다는 생각이 듭니다. 도대체 그 궤도는 어디쯤 있는 걸까요?

"끝없이 반복되는 공허함" 시시포스의 바위

#. 거의 다 했는데… 딱 이것만 더 하면!

B는 학창 시절부터 욕심이 많은 아이였습니다. 어떤 과제든지 똑 부러지게 하고 학교에서 주최하는 각종 프로젝트에 참가하는, 친구들 사이에서 가장 적극적이고 진취적입니다. B는 회사 생활을 하면서도 자기 계발을 놓치지 않았습니다. 퇴근 후에 영어 학원, 업무에 도움이 될 법한 마케팅 실무와 경영 전략 스터디를 다니고, 주말에는 비싼 돈을 들여 비즈니스 코칭 프로그램을 밟는 등 누가 봐도 아주 알차게 살고 있습니다.

그런데 문제는 여기저기에 한번 발을 들여 놓으니 끝이 없더라는 것입니다. 마치 '자기 계발 중독자'처럼요. 이것을 배우면 저것도 배워야 할 것 같고, 하나가 끝나면 또 부족함이 느껴져서 자꾸만 채우게 된다고 합니다. 이 말을 들은 친구들은 당연히 '대단하다'는 칭찬으로 시작해 '이제는 그만해도 된다', '자기 계발은 충분히 했으니 그만하고 좀 즐겨라'라며 B를 위안했지만 B는 본인이 아직도 많이 부족한 것 같아서 계속 뭔가를 채우지 않으면 안 될 것 같은 생각이 든답니다. 이런 말을 반복하면서 말이죠.

'거의 다 했는데…. 이것만 더 하면 정말 끝날 것 같은데.'

목표에 도달할 때쯤 다시 시작하는 '거의' 각본

바람의 신 아이올로스와 그리스인의 시조인 에나 레테 사이에서 태어난 시시포스는 인간 중에서는 가장 현명했으나 타고난 심성이 사악하고 입이 가벼웠습니다. 신들에게는 눈엣가시였죠.

예를 들어 신들의 왕 제우스가 아이기나를 유괴하는 것을 보고 아이기나의 아버지에게 알렸는데, 제우스가 이를 노여워해 죽음의 사자를 보내지만 오히려 죽음의 사자를 가둬 한동안 죽는 사람이 아무도 없게 만듭니다. 게다가 죽음의 사자가 풀려나자마자 저승으로 가야 했는데 이를 미리 눈치챈 시시포스가 아내에게 자신의 시신을 땅에 묻지도 말고 장례도 치르지 말라고 당부하는 바람에 저승의 신 하데스는 시시포스를 다시 지상으로 돌려보내죠. 스스로 장례를 치르라며 풀어 줬지만 시시포스는 오히려 지상에서 장수를 누리게 됩니다.

이처럼 시시포스는 신들을 기만하는 수많은 행동으로 저주를 받습니다. 바로 평생 동안 커다란 바위를 산꼭대기로 끝없이 밀어 올려야 하는 무서운 저주입니다.

끝을 보는 용기도 필요합니다

'거의' 각본을 가진 사람들은 성공을 거의 눈앞에 두고 어이없는 실수를 저질러 놓쳐 버리거나, 자신이 정한 목표를 달성하고도 그것을 이뤘다고 생각하지 않아 성취감을 충분히 즐기지 못한 채 곧장 새로운 목표를 향해 출발합니다. 학창 시절부터 욕심이 많아 각종 프로젝트에 참가하는 친구 B를 보면 훗날 직장을 다니면서도 밤낮, 주말 할 것 없이 자기 계발에 매진합니다. 하지만 그러면서도 왠지 모를 공허함을 느낍니다.

하나가 끝나면 또 다른 것을 채워야 할 것 같아 고민하고, '거의 다 했는데, 이것만 더 하면 될 것 같은데…'라는 생각을 떨칠 수가 없습니다. 마치 끝없이 바위를 들어 올려야만 하는 시시포스의 저주에 걸린 것처럼 말이죠.

어쩌면 본인은 이런 일들이 큰 고민이라고 생각하지 않을 수도 있습니다. 이 과정 각본의 특징은 끝없이 자신의 활동이나 성취에 집착하고 몰두하는 것입니다. 그래서 다른 어떤 활동보다 이런 성취를 향한 행위에 훨씬 더 만족합니다.

'거의' 과정 각본에 있는 사람들은 주로 이렇게 말합니다.

'네가 추천한 책을 거의 다 읽었어.'
'지난번 일은 거의 마무리되고 있어요.'
'A를 하고 나니까 B가 부족한 것 같아서요.'
'B를 해 보니 C를 해야 완성될 것 같더라고요.'

이 과정 각본의 또 다른 이름은 '오버 앤드 오버(Over and over)', 즉 '몇 번이나', '계속해서'입니다. 이들은 대부분 본인의 목표에 거의 도달했을 때 실수해서 일을 그르치거나, 하나의 일이 끝나도 계속해서 다른 일을 시작해야 하는 패턴에 갇혀 있습니다.

그렇기 때문에 이들에게는 목표점 앞에서 어떤 실수는 없는지 작은

것도 꼼꼼히 확인하는 자세가 필요합니다. 또한 목표한 일을 이루고
나면 충분히 성취감을 맛보고 즐길 줄 아는 자세가 필요합니다. 그래
야 현재를 충분히 즐기기도 전에 또 다른 일을 벌이는 일이 없을 테니
까요.

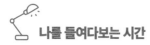 **나를 들여다보는 시간**

□ 또 무언가를 시작하려고 하나요? 그냥 지금을 충분히 즐기세요. 당신은 그럴 만한 자
  격이 있으니까요.

"항상, 언제나 같은 모습" 아라크네 이야기

#. 모든 게 다 불만족스럽다

C는 냉소적이고 시니컬한 타입의 친구입니다. 친구들을 만날 때마다 회사에 대한 불만을 늘어놓는데요. C는 나라 경기가 좋아지고 회사의 매출이 오르면 일 잘하는 친구들은 정규직으로 승진시켜 준다는 근거 없는 소문만 믿고 10년이 지난 지금까지 열심히 일하고 있습니다. 하지만 회사에서는 아직도 그 어떤 답변도 주지 않고 있습니다. 오히려 일만 죽어라 시켜서 소모품이 된 기분이 들 때가 많다고 합니다. 그런데도 C는 회사에 미운 정이 들었는지, 불평은 한가득이지만 이직할 생각도, 뭔가를 바꿔 볼 생각도 없는 듯합니다.

처음에는 이런 모습이 친구로서 안타깝기도 하고 때로는 섭섭하기도 해서 이런저런 이야기를 한 적도 있었습니다. 하지만 지금은 이것도 이 친구의 성격이겠거니 하며 불만 가득한 이야기를 그냥 들어주고 있습니다. C는 항상 바뀔 생각이 없어 보이니까요.

불평하지만 언제나 그대로인 '항상' 각본

아라크네는 베틀 짜는 솜씨가 아주 훌륭하여 신들 사이에서도 명성이 자자했습니다. 하지만 자신의 실력에 너무 자신만만했던 나머지, 베를 짜는 여인들의 수호신인 아테나도 이길 수 있다고 말합니다.

이 사실을 알게 된 아테나는 노파로 변장하고 아라크네에게 '아테네 여신에게 용서를 구하라'며 충고하지만 아라크네는 오히려 도전을 피할 이유가 없다며 큰소리칩니다. 아테나가 자신의 모습을 드러내자 그 자리에 있던 여인들은 모두 고개를 숙이며 예의를 다했지만, 아라크네만은 끝까지 겸손하지 못한 태도로 일관해 결국 아테나와 베틀 짜기 승부를 시작하게 됩니다.

아테나 여신은 자신의 작품에 올림푸스 12신의 근엄한 모습, 신에게 도전하다가 지독한 벌을 받은 인간들의 모습을 수로 놓았습니다. 반면 아라크네는 올림푸스 신들이 인간을 납치하고 농락하는 장면들로 베를 짭니다.

시합이 끝나고 아라크네의 화려하고 빼어난 솜씨를 부정할 수 없었던 아테나는 신들을 모욕한 작품을 찢어 버리고 아라크네에게 모욕을 주는데요. 이를 참지 못한 아라크네는 스스로 목숨을 끊지만 아테나는 그녀의 죽음을 허락하지 않고 거미로 만듭니다. 아라크네가 항상, 언제까지나 같은 패턴으로 베를 짜게 하는 저주를 내린 것이죠.

상황을 바꿀 수 있는 건 나 자신뿐입니다

'항상' 각본을 가진 사람들은 인간관계나 일에서 매번 같은 패턴의 문제를 반복합니다. 늘 자신의 상황을 불평하면서도 다른 선택지를 인지하지 못하고 상황에 그대로 머물러 있는 것이 특징입니다. C의 경우도 마찬가지입니다. C의 친구들은 이제 굳이 듣지 않아도 C의 고민이 무엇인지 알 수 있습니다. C의 문제가 항상 반복됐기 때문이죠. 10년을 기다려도 고용 형태는 바뀌지 않았지만 실낱같은 희망을 품고 '그날'이 오기만을 기다립니다. 스스로 상황을 바꿔 볼 생각은 전혀 하지 않은 채 말이죠.

'항상' 과정 각본을 가진 사람들은 주로 이렇게 생각하고 행동합니다.

'왜 나에게만 항상 이런 일이 생길까.'

'도대체 내가 뭘 잘못했기에 이런 상황이 벌어졌을까.'

'다시는 그런 사람을 만나지 않을 거야.'

'이 회사는 마음에 드는 구석이 하나도 없어.'

하지만 '다시는 그런 사람을 만나지 않겠다'는 생각만 하고 다음에 또 비슷한 사람을 만납니다. 마음에 드는 구석이 하나도 없는 회사지만 이직하지 않고 불만스러운 상황만 되풀이합니다. 평생을 비슷한 상황에 빠지고, 불평하고, 후회하기를 반복하죠.

'항상' 각본을 가진 사람들은 이 패턴을 반복하지 않도록 구체적인 계획을 세우고 스스로 검증해 나가는 노력이 필요합니다. 내가 항상 같은 불만에 빠져 있는 건 아닌지 생각해 보세요. 결국 자신의 문제는 스스로 해결해야 합니다. 불평의 악순환을 끊어 낼 수 있는 사람은 자신뿐이니까요.

나를 들여다보는 시간

☐ 작은 성공 경험이 모여 당신을 큰 성공으로 이끌 것입니다. 이제 그만 불만은 접어 두고 계획하세요. 실행하세요. 성취하세요.

| 나를 몰랐기 때문이다 |

"그 후가 걱정이다"
다모클레스와 왕의 무게

#. 앞으로의 내 삶이 막막하다

자신의 미래에 회의적인 D가 한숨을 쉬며 말했습니다.

"나는 늘 미래가 무섭고 불안해. 이렇게 살다가 늙어서 고독사하는 건 아닌지 모르겠어. 나이가 들면 부모님도 돌아가실 테고, 나도 언제 아프고 죽을지 모르는데 지금 이렇게 아등바등 열심히 사는 게 무슨 의미가 있나 싶고…"

D의 말에 다른 친구들은 미리 걱정하지 말라며 위로를 전했습니

다. 하지만 D는 지금 즐거울지 몰라도 언제 불행이 닥쳐올지 모른다며 쓴웃음을 지었습니다.

오지 않은 불행 때문에 괴로워하는 '그 후' 각본

기원전 4세기경 이탈리아 남부에 위치한 시칠리아 시라쿠사는 고대 그리스인이 점령 후 도시 국가를 이뤘고 훗날 로마에 정복될 때까지 큰 부를 누린 곳입니다. 이곳의 왕 디오니시우스에게는 다모클레스라는 신하가 있었는데 심성이 가볍고 아첨하기를 좋아하며 화려한 궁전과 연회를 부러워하는 사람이었습니다. 다모클레스는 디오니시우스에게 이렇게 말합니다.

"왕의 자리는 늘 고귀하고 이보다 행복할 수 없는 위치이니 얼마나 좋으시겠습니까?"
"그럼 자네도 이 자리에 한번 앉아 보겠나?"

다모클레스는 왕의 권유에 못 이기는 척하며 그토록 갈망하던 왕의 자리에 앉았습니다. 그런데 기분이 좋은 것도 잠시 소스라치게 놀라고 맙니다. 왕의 머리 위에는 말총 한 가닥에 묶인 예리하고도 서슬 퍼런 칼이 번뜩이고 있었던 것입니다. 다모클레스가 그 이유를 묻자 디오니시우스는 답합니다.

"겉으로는 화려하고 좋아 보일지 모르나 언제 떨어질지 모르는 검이 나를 항상 겨누고 있지. 어떠냐? 이래도 아직까지 왕의 자리가 탐이 나느냐?"

지금 이 순간에 충실하세요

'그 후' 각본을 가진 사람들은 아직 일어나지 않은 미래의 일을 걱정하면서 오늘의 행복을 망치기를 반복하는 패턴을 갖고 있습니다. 비록 지금 당장은 즐거울지라도 언제, 어떤 불행이 닥칠지 몰라 불안해하죠.

예를 들어, 이들은 가족과 텔레비전을 보며 행복한 시간을 보내다가도 문득 미래에 닥칠 불행에 대비하지 않고 희희낙락하는 가족들이 한심하다는 생각이 듭니다. 그리고는 갑자기 울화가 치밀어 오릅니다. 친구나 동료들과 좋은 시간을 보내다가도 불현듯 '이렇게 놀아서는 내일을 망칠 거야'라는 생각이 들어 급히 짐을 싸고 집으로 돌아가기도 하죠.

D도 마찬가지입니다. 지금은 이렇게 즐거운 시간을 보내고 있지만 언젠가 우리도 늙고 부모님은 돌아가실 테고, 언제 어떻게 될지 모르는 '그 후의 삶' 때문에 늘 불안합니다.

'그 후' 과정 각본에 있는 사람들은 주로 이런 말을 합니다.

'지금은 이렇게 웃고 떠들지만, 그 후에는 아마 무척 고통스러울 거야.'
'하고 싶은 거 다 하고 살면 누가 밥 먹여 주나? 늙어서 고생이나 하겠지.'
'지금 이렇게 애 보느라 바쁜데 나중에 일까지 하게 되면 힘들어서 죽을지도 몰라.'
'결혼하면 내 인생은 고생길로 접어들겠지?'

'그 후' 각본을 가진 사람들은 늘 불안한 그 후의 삶을 상상하며 오지도 않은 미래를 걱정합니다. 마치 동전의 양면처럼 지금은 밝은 면에 있어도 항상 어두운 면을 떠올리며 불안해하죠. 왕의 자리에 앉아 있지만 언제 그 칼이 떨어질지 몰라 불안에 떠는 다모클레스처럼 말입니다. 이들에게는 이 명언을 새길 필요가 있습니다.

"내가 헛되이 보낸 오늘은 어제 죽은 이가 그토록 바라던 내일이다."

| 나를 몰랐기 때문이다 |

아직 생기지도 않은 일을 걱정하면서 사는 것보다 어제 죽은 이가 그토록 바라던 나의 오늘을, 그리고 하루하루를 충실하게 살아 내는 게 현명한 일 아닐까요?

 나를 들여다보는 시간

☐ 먼 미래를 불안해하는군요. 막연한 불안을 구체적인 대안으로 바꿔 보세요. 훨씬 마음이 든든할 거예요.

"아무것도 할 수 없다"
탄탈로스의 저주

#. 내가 정말 할 수 있을까?

E는 딸 둘을 키우는 엄마입니다. 친구들이 한창 일하고 연애할 나이에 비교적 빨리 결혼해서 아이들을 키우며 남편의 뒷바라지를 하죠. 겉으로 보기에는 전형적인 좋은 엄마, 좋은 아내의 모습으로 살고 있습니다. 그런데 E는 친구들과 만나면 늘 이렇게 말합니다.

"나도 이제 내 일을 하고 싶어. 너희는 아직 싱글에 번듯한 직장이 있잖아. 나는 첫째를 어린이집에 보내면서 일을 시작할까 했는데 바로 둘째 생기고, 둘째 조금 키우면 내 시간이 생기나 했더니 첫째를

초등학교 보내고 나니 더 정신이 없다. 그렇다고 남한테 애 맡기는 건 못하겠어. 막상 시간이 생기면 뭘 해야 할지도 모르겠고."

"요즘은 보육 교사 자격증도 취득하기 쉽대. 아이 돌볼 사람 없어서 난리인데 그런 것부터 시작해 보는 건 어때?"

"그것도 생각해 봤지. 근데 그거는 고생만 하고 돈도 많이 못 번다더라고."

"그럼 너 잘하는 요리 쪽은 어때? 예전에 한식 조리사 자격증 공부했었잖아. 너한테 잘 맞을 것 같아."

"그래? 근데 자격증 딴 지가 너무 오래됐네. 애 키우느라 다 까먹었는데 할 수 있을까."

이야기를 하면 할수록 안타까운 마음에 뭐라도 추천해 주고 싶었던 친구들의 목소리는 점점 작아져 갔습니다.

원하는 삶을 얻을 수 없다고 믿는 '결코' 각본

탄탈로스는 제우스와 님프 사이에서 태어난 반신반인입니다. 비록 신은 아니지만 제우스의 아들이라는 이유로 신의 세계에 자주 드나들며 신 같은 대우를 받고 자랐습니다. 하지만 탄탈로스는 자신이 완전한 신이 아님을 노여워하며 신들의 술 '넥타르'를 훔쳐서 인간들에게 나눠 주기도 하고 신들의 비밀을 퍼뜨리기도 했습니다.

그러던 중, 신들을 제대로 골탕 먹이고자 인간을 먹는 행위가 금지돼 있던 신들에게 자신의 아들인 펠롭스를 죽여 음식으로 만들고 대접하기에 이릅니다. 훗날 인육을 먹는 카니발리즘(cannibalism)이 여기에서 기원했다는 설도 있습니다.

신들은 탄탈로스가 만든 음식이 인간으로 만든 음식인 줄 눈치채고 모두 먹지 않았습니다. 하지만 당시 자신의 딸 페르세포네가 사라져 정신이 없던 데메테르만은 그 고기를 먹어 버립니다. 그 후 제우스는 운명의 여신에게 부탁하여 펠롭스를 다시 부활시키고 데메테르가 먹은 어깨 한쪽은 대장장이의 신 헤파이스토스에게 부탁해 상아로 만들어 주게 되죠.

신들은 이 일에 무척 분노한 나머지 탄탈로스를 땅 속 깊은 곳에 가둡니다. 그는 평생 커다란 바위가 머리를 짓누르는 상태로, 목까지 차오른 물을 마시려고 하면 물이 내려가 마시지 못하며 음식에 손을 뻗으면 음식이 도망가 버리는 형벌을 받습니다. '결코 영원히 먹지 못하는 저주'가 내려진 것이죠.

할 수 있다는 마음으로 임해야 합니다

'결코' 각본을 가진 사람들은 '하고 싶지만 결코 할 수 없다'는 핑계를 반복하는 패턴을 가졌습니다. E의 경우도 마찬가지입니다. 나만의 시간을 갖고 싶고, 일을 시작하고 싶지만 여러 이유를 대면서 '할 수 없다'는 말만 되풀이합니다.

이런 과정 각본을 가진 사람들은 여행을 가고 싶지만 결코 여행 경비를 모으지 않고, 목돈을 만들겠다고 말하지만 결코 은행에 가지 않습니다. 하고 싶고, 되고 싶은 것들은 많지만 정작 그 어떤 노력도 하지 않는 일이 빈번합니다.

결코 내가 원하는 것을 할 수도, 얻을 수도 없는 삶에 놓인 이들은 '하고 싶다' 또는 '원한다'는 말만 할 뿐 아무런 준비도 계획도 세우지 않습니다. 하고 싶다는 말 뒤에 '근데', '하지만', '할 수 없다'는 말을 반복해서 나열할 뿐입니다.

'언젠가는 하겠지.'
'이번에는 해야지.'
'그런데 이건 ~때문에 안 되고 저건 ~때문에 안 돼.'

이 과정을 반복하는 사람은 이전보다 적극적이고 긍정적인 자세가 필요합니다. 이들은 기본적으로 성장의 욕구는 갖고 있지만 정작 실행에 옮겨야 할 타이밍에서는 자신의 삶을 부정적인 태도로 일관하기 때문입니다. '나는 결코 할 수 없어'에서 '나는 무엇이든 할 수 있다'의 마음가짐으로 바뀔 수 있도록 스스로의 지속적인 노력이 반드시 필요합니다.

 **나를 들여다보는 시간**

☐ '뭘 해도 안 되는 인생'이다 싶을 때는 곰곰이 생각해 보세요. 그 인생을 누가 정한 것인 가요?

"그냥 이렇게 살다 죽을래요"
필레몬과 바우키스

#. 아무것도 하고 싶은 게 없는 내가 이상한 걸까?

A부터 E까지의 이야기를 모두 들은 F는 사실 별로 하고 싶은 말이 없습니다.

"나는 너희가 하는 말들을 듣고 기분이 조금 울적해졌어. 결국 너희는 각자 하고 싶은 일들이 있잖아. 그런데 나는 딱히 그런 게 없어. 지금 다니는 직장에 크게 불만이 있는 것도 아니고, 그렇다고 만족하는 것도 아니야. 결혼도 할 때 되면 하고, 애도 생길 때가 되면 생기겠지 싶어. 그래서 별생각 없이 살았는데 너희들과 내가 참 달라서 없던 고민도 생긴 것 같아."

F는 집으로 돌아가는 길에 왠지 모를 씁쓸함을 느꼈습니다. 친구들과 했던 이야기를 곰곰이 생각해 보니 전에 없던 새로운 이야기들이 아니었으니까요. 다들 작년에도, 재작년에도 이야기했던 고민들인데 어째서 변한 게 하나도 없을까? 바꾸려고 해도 안 되는 걸까? 아니면 바뀌려는 마음이 없는 걸까? 쳇바퀴 돌 듯 반복되는 삶에 딱히 하고 싶은 일도, 이루고 싶은 것도 없습니다.

'하고 싶은 게 아무것도 없는 내가 이상한 걸까요?'

목표도 소망도 없는 '무계획' 각본

제우스와 그의 아들 헤르메스는 사람으로 변신해서 인간 세상을 여행했습니다. 너무 지치고 배고픈 나머지 여기저기 문을 두드렸지만 어느 한 곳도 문을 열어 주지 않았습니다. 그러다 허름한 오막살이집에서 문을 열어 주는데, 바로 필레몬과 바우키스 노부부였습니다. 그들은 신에 대한 믿음이 독실해 결코 가난을 부끄러워하지 않고 없는 살림에도 친절을 베풀면서 서로를 다독이며 살았습니다.

노부부는 제우스와 헤르메스를 아주 정성껏 대접합니다. 그런데 식사를 하는 동안 술병에서 끝도 없이 나오는 와인을 보고 나서야 그들이 평범한 손님이 아님을 눈치챕니다. 노부부는 바닥에 무릎을 꿇으며 신에게 예의를 다하고, 제우스와 헤르메스는 노부부의 정성에 감동해 소원을 들어주겠다고 합니다.

두 사람은 그저 신을 모시며 살되, 이승을 떠날 때 서로가 슬퍼하는 일이 없도록 같은 날에 떠나게 해 달라는 소원을 빕니다. 소원대로 두 사람은 신전으로 변한 오두막에서 남은 생을 보내고 죽을 때도 한날한시에 나무가 돼 서로 작별 인사를 나눈 후 떠날 수 있었습니다.

내 삶은 내가 계획해야 합니다

타이비 카일러는 필레몬과 바우키스 신화에 비춰 무계획 각본을 설명했습니다. 무계획 각본을 가진 사람들은 어떤 목표를 성취한 후에 무엇을 해야 할지 모른다거나, 딱히 하고 싶은 일이 없는 상태를 반복하는 것이 특징입니다. 목표가 단기적이든 장기적이든 마찬가지입니다. 마치 소원 한 번만 제대로 빌면 인생이 뒤바뀔 수도 있는 극적인 상황에서도 그저 신을 모시며 같은 날 떠날 수 있게 해 달라는 필레몬과 바우키스처럼 말입니다.

'무계획' 각본에 있는 사람들은 주로 타인을 위해 열심히 희생하며 살다가 정작 자신을 위한 시간이 생기면 어색해하는 경향이 있습니다. 쉬운 예로 한평생 자식들을 위해 살다가 은퇴 후에 무엇을 해야 할지 모르겠다는 장년층이나, 큰 프로젝트가 끝나면 한동안 아무것도 손에 잡히지 않아 고생하는 경우가 해당됩니다.

딱히 하고 싶은 것도, 해야 할 거리도 찾지 못하는 '무계획' 각본을 가진 사람들이라면 특히나 이 패턴을 끊기 위해 생각해 봐야 할 점이 있습니다. 바로 '발달 과업'에 따른 준비와 실행, 그리고 성취입니다. 발달 과업이란, 대체로 연령에 따라 인간이 환경에 적응하기 위해 각 발달 단계에서 반드시 성취해야 할 일을 말합니다.

또한 타인을 위해 희생하다가 그것이 끝난 후에 무엇을 해야 할지 모르는 딜레마에 자주 빠진다면 '나를 위한 시간 쓰기'를 계획해 보는 것도 좋은 방법입니다.

 **나를 들여다보는 시간**

☐ 아무것도 도전하지 않고 세월을 보내기에는 내 삶이 너무 아깝습니다. 부디 흐르는 시간을 예쁘게 채워 나가길 바라요.

인생의 햇볕을 기다리며
삶을 반복하는 당신에게

4장에서는 만족스럽지 않은 삶이 반복되는 이유를 찾고 거기에서 벗어나는 연습을 합니다.
변화의 화(化)는 사람 인(人)과 비수 비(匕)가 합쳐진 한자입니다. 산 사람이 완전히 죽고 새
로운 존재가 되는 것이 '변화'라는 뜻이죠. 그만큼 어려운 일이지만 변화해야 하는 이유는
분명합니다. 우리는 반복되는 고통을 멈출 수 있습니다.

"언젠가는 볕 들 날 오겠지?" 생각만 하면 안 온다

고통스러운 일을 계속하는 이유

《술 취한 코끼리 길들이기》에는 '매운 고추를 먹는 남자 이야기'가 등장합니다. 시장에 자리를 잡고 앉아서 포대에 담은 고추를 하나씩 씹어 먹는 남자가 있었습니다. 고추가 맛있기는커녕 매운 맛 때문에 눈물, 콧물을 줄줄 흘리면서도 계속해서 고추를 꺼내 먹는 남자가 신기해서 사람들이 하나둘 몰려들었습니다. 사람들은 남자에게 한마디씩 던졌습니다.

"도대체 이 매운 고추를 왜 계속해서 먹는 겁니까?"
"한두 개 먹었으면 그만 치울 일이지 고통스럽게 왜 그러는 거요?"

그러자 남자는 이렇게 답했습니다.

"계속 먹다 보면 혹시라도 단맛이 나는 고추가 나올지도 모르기 때문입니다."

해가 뉘엿뉘엿 질 무렵, 여전히 고추를 먹으며 괴로움에 울상인 그 남자에게 한 상인이 다가가 물었습니다.

"당신은 오늘 온종일 앉아서 고추만 먹었는데도 아직 단맛 나는 고추를 못 찾았습니다. 그런데 왜 아직까지 힘들게 먹고 있는 거죠?"

남자는 대답합니다.

"언젠가는 단맛을 볼 거라는 생각에 지금껏 앉아서 고통스럽게 고추를 먹었습니다. 만약 지금에 와서 그만둔다면 여태껏 내가 고추를 먹느라 들인 시간과 노력이 얼마나 아깝고 무의미하겠습니까? 이제 이것은 단순히 희망의 문제가 아니라 내 존재 자체의 문제가 됐습니다."

| 나를 몰랐기 때문이다 |

이 남자는 처음에는 단맛이 나는 고추가 나오기를 기대하며 고통을 참고 먹어 왔습니다. 하지만 시간이 지나자 이제 그것은 희망의 문제가 아니라 존재의 문제가 됐다고 말합니다. 그만큼 오랫동안 그것을 욕망해 왔기에 이제는 자기 존재의 문제로 고착된 것입니다. 마치 고통스럽지만 고추를 계속해서 먹는 일만이 내 존재의 이유인 것처럼 말이죠. 만약 남자가 고추 먹는 일을 멈춘다면 그것은 단순히 희망을 포기하는 정도가 아니라 자신의 근본 자체가 흔들려 버리는 일과 같아질 것입니다.

반복하는 삶은 쉽지만 발전이 없다

앞서 소개한 과정 각본도 마찬가지입니다. 하나의 일이 끝날 때까지 다른 일을 시작할 수 없는 '까지' 각본, 목표점에 거의 도달해도 또다시 시작하는 '거의' 각본, 늘 불평하면서도 그대로 머무르는 '항상' 각본, 지금은 즐거울지라도 언제 불행이 닥칠지 몰라 늘 불안한 '그 후' 각본, 하고 싶다고 말하지만 절대 원하는 것을 할 수 없다고 믿는 '결코' 각본, 딱히 하고 싶거나 이루고 싶은 게 없는 '무계획' 각본까지.

이 6가지 삶의 공통점은 자신에 대한 철저한 검열과 개선 없이 그저 막연하게 이 과정을 무한 반복하고 있다는 데에 있습니다. 어쩌면 이런 과정을 반복하는 삶이 더 익숙하고 편할지도 모르겠습니다. 갖은 핑계를 대서라도 안 되는 이유를 찾는 일은 생각과 행동을 바꾸고 새로운 삶을 유지해 나가는 것보다 훨씬 더 쉬울 테니까요. 하지만 명심해야 합니다. 내 삶이 만족스럽지 않은 데에는 분명 그 이유가 있다는 것을요.

나를 들여다보는 시간

☐ 때로는 익숙한 것이 좋은 것이라고 착각할 때가 있습니다. 그것은 당신에게 정말 좋은 것인가요? 아니면 그저 익숙한 것인가요?

우선순위를 정해야 성취할 수 있다

#. 뭐부터 시작해야 할까?

저는 직장인이자 아이를 키우는 워킹 대디입니다. 제 고민은 할 일은 많은데 도무지 진도가 나가지 않는다는 것입니다. 영어 회화 공부, 회사 업무, 승진 시험 준비, 아이 돌보기, 회계사 시험 준비, 친목 모임, 스터디 모임 등등…. 이렇게 원하는 일들을 나열해 보니 어느 하나 중요하지 않은 일이 없습니다. 한 가지만 집중적으로 하자니 다른 것에 소홀해지는 것 같아요. 그렇다고 언제까지 어영부영 '해야지'라는 생각만 하기에는 시간이 너무나 빨리 흘러 고민입니다.

1년, 2년이 금방 지나가는데, 이러다가 시간이 지나면 또 제대로 이

룬 것 없이 후회할 모습이 불 보듯 뻔합니다. 이렇게 할 일이 많은데 저는 어떤 것부터 시작해야 좋을까요?

할 일이 많다면 우선순위부터 정한다

영어 회화 공부, 회사 업무, 승진 시험 준비, 아이 돌보기, 회계사 시험 준비, 친목 모임, 스터디 모임….

이 많은 일 중 가장 쉽게 할 수 있는 것은 무엇일까요? 영어 공부나 승진 시험 준비, 또는 자격증 취득을 위해 학원을 등록하고 책을 사는 일, 인터넷 강의를 듣기 위한 헤드셋을 구입하는 일 등 본격적으로 시작하기 전에 '준비하는 일'일 것입니다. 마치 다이어트를 결심하자마자 헬스장을 등록하고 운동화, 다이어트 보조제를 구입하는 것처럼 말입니다.

어떤 일을 결심했을 때 만반의 준비를 하는 것은 아주 훌륭합니다. 다만 우리가 생각해 봐야 할 점은 '강의를 등록하고 책을 사면서 했던 다짐이 과연 끝까지 지속되는가?' 하는 것입니다. 영어 공부도 중요하지만 내 숨통을 틔워 줄 친목 모임도 포기할 일은 아닌 것 같습니다. 아이 돌보기, 회사 업무는 또 어떻습니까? 무엇 하나 중요하지 않은 일이 없습니다. 그래서 '이것도 해야 하고, 저것도 해야 하는데 진도가 안 나간다'는 생각은 어쩌면 당연한 일 같습니다.

그렇지만 그중에서도 더 중요한 일을 정해야 합니다. 아무리 자신이 원하는 것 백 가지, 천 가지를 알더라도 우선순위를 정하지 않으면 어떤 일도 제대로 마칠 수 없습니다. 하나에 집중하지 않으면 힘은 금세 소진돼 버릴 테니까요. 마치 미쉘드 몽테뉴의 말처럼 말이죠.

"어디로 배를 저어야 할지 모르는 사람에게는 어떤 바람도 순풍이 아니다."

그렇다면 워킹 대디의 사연에 나온 할 일 중 가장 하기 어려운 일은 무엇일까요? 답은 바로 '나를 쓰는 일'입니다. 어쩌면 돈보다 시간을 쓰는 일이 더 어려울지 모릅니다. 단순히 학원에 가거나 컴퓨터 앞에 앉아 있는 것보다 그 시간을 충실하게 보내는 힘, 즉 '나를 쓰는 일'은 매우 중요합니다. 그렇지만 나를 쓰는 일이 어디 쉬운 일이던가요. 여러 가지 상황과 이유를 붙여서라도 더 쉽고 몸과 마음이 편한 일을 하고 싶은 것이 사람의 마음 아니겠습니까?

앞서 소개한 6가지 과정 각본에는 공통점이 있습니다. 바로 삶을 끝내는 날까지 제대로 마무리 짓지 못하고 똑같은 과정을 반복한다는 것입니다. 이것은 평생 동안 우리에게 안 되는 이유와 못할 수밖에 없는 상황을 늘어놓습니다. 결국 과정 각본은 우리가 하는 그 어떤 일이

든 마무리하지 못하도록 방해할 것입니다.

내가 원하는 바를 정확히 아는 힘

〈거리의 만찬〉이라는 텔레비전 프로그램에서 사법농단을 처음으로 알린 이탄희 판사가 출연했습니다. 이탄희 판사는 그의 아내인 오지원 변호사와 함께 사회에 중요한 사법 문제를 이야기했는데요. 특히 방송 말미에 '업에 대한 본질과 가치'를 이야기한 부분이 참 인상 깊었습니다.

"지난 시간 동안 뜻밖의 경험을 하면서 느낀 점들이 참 많아요. 제일 중요했던 건 역시 자기가 누구인지 알기 위해서 노력하는 태도였고, 판사로서 '나는 누구인가'라는 생각을 참 많이 했어요. 어쨌든 판사로서 나는 공적인 가치를 지향하는 사람이고, 그 가치가 양심적이고 독립적인 재판을 하는 판사였던 것이고, 그 가치가 명백하다 보니까 매일매일 해야 될 일이 무엇인지, 그리고 중요한 상황에서 어떤 선택을 해야 하는지 그런 것들을 알 수 있었던 것 같아요."

인생에서 자신이 원하는 바를 정확히 아는 것만큼 편리한 것이 또 있을까요? 우리가 하는 일의 본질이 무엇인지를 생각하고, 그것의 기준과 우선순위를 세울 때 우리는 선택하는 일이 더 편해지고 행동으로 옮길 수 있는 힘도 커지게 될 것입니다.

나를 들여다보는 시간

☐ 인생에 원하는 바를 정확히 아는 것만큼 편리한 것은 없습니다. 부디 한 놈만 패세요.

때로는 이기적으로
보고 싶은 것만 보고 살기

사이비 종교에서 빠져나오지 못하는 이유

1956년에 있었던 일입니다. 미국의 사회 심리학자인 레온 페스팅거(Leon Festinger)와 그의 동료들은 신흥 사이비 종교 단체에 침투해서 그들을 가까이 관찰할 기회를 얻었습니다. 이 신흥 종교의 신도는 30명 남짓으로, 핵심 인물은 대학 보건소에서 근무하는 암스트롱 박사와 키이츠 부인입니다.

키이츠 부인은 공중에 손을 휘두르면 그들의 수호신으로부터 영적인 메시지를 받는다고 주장했습니다. 그들은 수호신으로부터 '대홍수

| 나를 몰랐기 때문이다 |

때문에 지구가 물에 잠기고 이 세상은 멸망할 것'이라는 계시를 받았다면서, 다음 2가지 사항만 지키면 외계인의 비행접시를 타고 구원받을 수 있다고 말합니다.

첫 번째는 외계인이 '나는 내 모자를 집에 두고 왔다. 당신의 질문은 무엇인가?'라고 물으면 '나는 내 스스로 운반합니다'라고 대답하는 일이고, 두 번째는 금속으로 된 모든 것을 몸에서 제거하는 일입니다. 비행접시를 탈 때 방해가 될 수 있다는 이유였죠.

신도들은 한 치의 의심 없이 두 지도자를 따랐습니다. 언제든 외계인의 질문에 대답할 수 있도록 열심히 답을 외웠습니다. 직장은 물론이고 가족과 연을 끊으며 종교에 대한 믿음을 키워 나갔습니다. 오로지 비행접시에 올라 구원되고자 하는 열망으로 말이죠.

그리고 드디어 그날이 왔습니다. 새벽 내내 신도들과 그 지도자들은 숨죽여 수호신의 메시지를 기다렸습니다. 천신만고의 기다림 끝에 메시지를 받을 수 있었는데, 그 답이 기가 막힙니다.

"너희들의 믿음과 기도가 하도 간절하고 독실한 나머지 대홍수는 일으키지 않는 것으로 마음을 바꿨다."

이후 어떻게 됐을까요? 정상적인 사람이라면 여태껏 속은 것이 분해 그 자리에서 당장 욕을 뱉고 멱살잡이를 하거나 사기죄로 고소를 했을 것입니다. 하지만 신도들의 반응은 정반대였습니다.

"저는 믿음을 더 키워 갈 수밖에 없어요. 이것 때문에 부모님과 등지고 남편, 자식까지 다 버리고 왔는데 여기서 그만둘 수는 없습니다. 다시 바깥세상에 나가서 살아갈 힘이 없죠. 저는 대홍수가 언젠가는 꼭 일어날 거라는 믿음을 갖고 살 거예요."

한 신도의 이야기입니다. 이 사람 외에도 그 자리에 있던 대부분의 사람이 이렇게 생각하며 더 열성적으로 포교 활동을 했다고 합니다.

사람들은 행동을 바꿀 수 없을 때 생각을 바꾼다

이것이 바로 1957년에 레온 페스팅거가 주장한 '인지 부조화 이론'입니다. 사람들은 행동을 바꿀 수 없을 때 생각을 바꿔 그 생각을 진실인 것처럼 믿어 버리는 경향이 있다는 것입니다. 페스팅거는 이 실험으로 인간을 이렇게 정의 내리기도 했습니다.

"인간은 합리적인 동물이라기보다는 합리화하는 동물이다."

이런 인지 부조화는 우리 생활에서도 흔히 볼 수 있습니다. 담배를 끊지 않으면 건강에 해롭다는 것을 알면서도 '이거라도 피워야 스트레스를 덜 받고 살지'라며 끊지 못합니다. 다이어트를 결심하지만 고칼로리 음식을 먹으면서 '맛있게 먹으면 0칼로리'라고 생각해 버리죠.

즉 담배를 끊거나 음식을 줄이는 '행동'을 바꿀 수 없으니, '생각'을 바꿔서 생각과 행동의 일관성을 유지하는 것입니다. 그래야 내 마음이 한결 편하니까요.

인지 부조화를 역이용하면 나를 위해 살 수 있다

모든 선택은 버려지는 것에 책임을 지는 일입니다. 반대로 아무것도 책임지고 싶지 않아서 선택하지 않는다면 늘 해 오던 과정 각본을 반복하며 살아가겠죠. 한 번도 입지 않은 옷을 입고, 한 번도 가지 않은 길을 가는 도전은 낯설고 두렵습니다. 어쩌면 나 자신과의 싸움이 될 수도 있습니다. 하지만 더 나은 삶을 위해 지금까지 살아 온 삶의 방식을 버리는 일은 그 누구도 아닌 내 삶, 내 행복을 위해 매우 중요한 작업입니다.

자신의 성공을 성공이라고 여겨 본 적 없이 달려온 사람이 누군가에게 '자신의 성공을 충분히 즐기라'는 말을 듣는다면 몸에 맞지 않은 옷을 입은 것처럼 어색할 것입니다. 매사 불평, 불만하며 살아온 사람에게 '불만스러운 상황에서 멀어지기 위한 계획을 세우고 원하는 일을 성취해 가라'고 말한다면 이 또한 한 번도 가지 않았던 길을 떠나는 것처럼 낯설어할 것입니다.

자신의 선택을 두려워하지도, 외로워하지도 말고 타인의 눈을 신경 쓰거나 불편해하지 말고 그저 나의 선택을 확고하게 믿는다면 어떨까요? 때로는 이기적으로, 내가 선택한 길만 생각하면서 말이죠. 어차피 포기한 선택들은 계속 들고 있어 봐야 내 것이 될 수 없습니다.

나를 들여다보는 시간

☐ 스스로 선택한 길을 믿으세요. 그리고 밀고 나가세요. 당신도 이제 조금은 이기적일 필요가 있습니다.

나는 왜 감정을 표현해도
답답할까?

_라켓 감정

5장에서는 감정에 대해 이야기합니다. 사회 문화적으로 금지당해 온 감정은 무엇인지, 내가 주로 사용하는 감정 버튼은 무엇이며 그게 과연 진짜 감정인지 알아봅니다. 환경이나 생각을 조작하는 '라켓 감정', 어린아이로 돌아가는 '러버 밴드', 쿠폰처럼 쌓이는 '스탬프'를 통해 우리 마음의 소리, 감정의 일렁임을 그대로 듣는 방법을 살펴봅시다.

슬픈데 울지 마라 하고
기쁜데 웃지 마라 하더라

"그 사람은 참 감정적인 사람이에요"

'김 대리는 어떤 사람이야?'

'팀장이랑 일하기 편해?'

'그 반 선생님은 어때요?'

'원장님은 성향이 좀 어떻던가요?'

'그 사람은 어떤 사람이냐'는 질문은 회사에서 부서 이동이 있는 시즌, 학교나 유치원의 새 학기가 시작되는 때에 사람들이 심심치 않게 주고받는 주제입니다. 그런데 누군가가 이렇게 대답합니다.

"그 사람은 참 감정적인 사람이에요."

이 대답에 어떤 생각이 드나요? 인터넷에 '감정적인 사람'을 검색하면 대체로 부정적인 해석이 많습니다.

'저는 너무 감정적이고 눈물이 많아서 스트레스입니다.'
'저는 비관적이고 감정적인 집안에서 자랐습니다.'
'저는 감정적인 사람을 무척 싫어합니다.'
'주변 사람들을 힘들게 하는 성격입니다.'

이처럼 감정적이라고 하면 감정의 기복이 심한 사람으로 여기는 경우가 많습니다. 반면 이성적이라고 하면 합리적으로 생각하고 판단하는 사람으로 생각하는 경우가 많죠.

사회 문화적으로 금지당해 온 감정들

감정이라는 단어는 '-path-'에서 기원됐습니다. 타인의 아픔을 공

126

감하는 뜻의 'sympathy', 멀리 떨어져 있어도 마음이 통한다는 뜻의 'telepathy'에도 '-path-'가 포함됩니다.

아리스토텔레스는 수사학에서 설득의 기술 3요소를 주장했습니다. 로고스(logos)는 '상대방에게 명확한 증거를 제공하기 위한 논리'를, 에토스(ethos)는 '말하는 사람의 매력, 진정성, 신뢰'를, 파토스(pathos)는 '듣는 사람의 감정 상태'를 의미합니다. 즉 상대방을 설득하기 위해서는 명백한 논리, 설득하는 사람의 진정성, 감정에 호소하는 능력이 있어야 한다는 주장입니다.

감정을 의미하는 파토스(pathos)에도 '-path-'가 들어 있습니다. 파토스는 감정이라는 뜻과 함께 '충동', '수난', '고통' 등의 의미가 있는데요. 이처럼 고대 그리스에서부터 감정이란 '고통과 수난이 따르는 것', '이성이 지배해야 하는 것'으로 여겨졌습니다. 심지어는 '이성의 명령에 반하는 것'이라며 병(病)이라고까지 생각했습니다.

'남자아이는 울면 안 돼.'
'여자아이가 그렇게 웃으면 헤퍼 보인다.'

우리는 어린 시절에 이런 말을 들으며 남자는 슬픔을, 여자는 기쁨을 금지당해 왔습니다. 심지어 넘어져서 무릎에 시퍼런 멍이 든 아이에게 '울지 마, 뚝!'이라고 말하고, 상을 받고 기뻐하는 이에게 '사람은 늘 겸손해야 한다'며 만족감과 성취감을 충분히 맛볼 수 없도록 했습니다.

사람들은 몸이 아프면 병원에 가는 일이 당연하지만 마음이 아프면 쉬쉬하기 일쑤입니다. 누군가에게 아픈 마음을 털어놓으면 이런 말이 돌아오기도 하죠.

'그럴 정신이 있는 걸 보니 아직 배가 덜 고프네.'
'너는 그래도 나보다 낫다.'

물론 수십 년 전만 해도 당장 먹고사는 일이 중요했기 때문에 속으로 곪은 감정은 신경 쓸 겨를 없이 사회가 바라는 목표를 향해 가기 바빴을 것입니다. 하지만 기본적인 욕구가 해결된 현시대에도 여전히 감정을 터부시합니다. 마음 아픈 과거를 떠올릴 때도 '그때는 그럴 수밖에 없었다'며 나의 감정을 없던 것 취급합니다. 내가 어떤 감정을 느꼈는지조차 모르는 채로 살다가 시간이 흐르면 이제 와서 들춰 봤자 소용없는 것으로 여깁니다.

게다가 감정을 있는 그대로 보지 않습니다. 슬퍼하면 '우울하다', 화를 내면 '공격적이다', 두려움을 보이면 '걱정이 많다', 심지어 기뻐하는 모습을 보고도 속내를 감췄을 거라며 의심합니다.

| 나를 몰랐기 때문이다 |

이처럼 많은 감정이 타인과 세상의 편의 때문에 금지되고 왜곡돼 왔습니다. 우리 안의 진정한 감정은 무엇이었을까요? 지금 내가 느끼는 감정의 이름이 잘못 붙지는 않았을까요? 지금부터는 우리가 느꼈던 수많은 '가짜 감정'의 진짜 모습을 들여다보겠습니다.

나를 들여다보는 시간

☐ 기쁠 때 기뻐할 줄 아는 것도, 슬플 때 슬퍼할 줄 아는 것도 능력입니다. 자신의 감정에 귀 기울여 보세요.

내가 주로 누르는
감정 버튼은 무엇인가?

#1. 싸움에서 승리하는 법을 알아낸 아이

어렸을 때 일입니다. 놀이터에서 한 아이가 제 바람개비 장난감을 가져갔습니다. 저는 화가 난 나머지 '이리 줘, 내 거야' 하고 장난감을 낚아챘는데, 그 아이가 적반하장으로 엉엉 울며 엄마에게 달려갔습니다. 저의 엄마는 화난 얼굴로 쏜살같이 달려와 이렇게 말했습니다.

"친구랑 사이좋게 놀아야지. 화낸 건 나쁜 행동이야."

제가 잘못한 것도 아니었는데 혼이 났습니다. 그리고 다음 날에도 같은 상황이 벌어졌습니다. 이번에는 억울하게 뺏길 수 없다고 생각한 저는, 그 친구가 울기 전에 온 힘을 다해 먼저 울음을 터트렸습니다. 제가 엉엉 울자 그 아이는 자신의 엄마에게 혼쭐이 났고, 저는 엄마 품에 안겨 그 모습을 지켜볼 수 있었죠. 저의 승리였습니다. 그 뒤로도 비슷한 상황이 올 때마다 저는 울음을 터트리곤 했습니다.

#2. 우연한 눈물이 삶의 무기가 되다

시간이 흘러 성인이 됐습니다. 하루는 남자 친구가 약속에 늦었습니다. 그리고 제 머릿속에는 이런 생각이 들기 시작했습니다.

'내 소중한 시간을 이렇게 허투루 여기다니, 남자 친구는 나를 아끼지 않는 게 분명해.'

곧 남자 친구가 도착하자 저는 머릿속이 하얘지고, 눈에서 하염없이 눈물이 흘렀습니다. 지나가던 사람들이 보면 큰일이 생겼다고 생각할 정도로 아주 오랫동안 껵껵 소리를 내면서요. 그때, 남자 친구가 꽃 한 다발을 저에게 안겨 줬습니다. 기다리게 해서 미안하다고, 다시는 늦지 않겠다는 다짐과 함께요.

지금은 남자 친구와 결혼을 하고 아이도 생겼습니다. 하루는 아이들이 어질러 놓은 장난감을 치우는데 문득 제 인생이 송두리째 사라진 것 같아 슬퍼졌어요. 때마침 퇴근을 하고 돌아온 신랑을 보니 눈물이 터졌습니다. 헤어날 수 없는 슬픔에 또 가슴이 메었고, 그런 제 모습을 본 아이들은 잘못했다며 제게 매달렸습니다. 신랑은 일이 바빠 많이 도와주지 못해 미안하다고 사과하면서 이번 주말에는 시댁에 아이들을 맡기고 바람을 쐬고 오자고 말했습니다. 그 말을 듣자 저는 겨우 진정할 수 있었습니다.

만약 눈물 대신 화였다면

장난감을 뺏긴 상황, 남자 친구가 약속에 늦는 상황, 매일 밤 야근하는 신랑과 치워도 치워도 집을 엉망으로 만들어 놓는 아이들. 어쩌면 이 상황들에서 '슬프다'는 감정은 맞지 않은 이름일지도 모릅니다.

만약 장난감을 뺏은 친구에게 화를 내며 돌아섰을 때 엄마가 '그렇지! 잘한다, 내 새끼. 절대로 자기 물건은 남에게 뺏기면 안 되는 거야. 세상 똑 부러지게 살아야지'라고 말하면서 사연자의 화를 격려해 줬다면 어땠을까요? 다음 날에도 똑같이 뺏긴 장난감을 되찾고 친구에게 화를 냈을 것입니다. 그리고 앞으로의 이야기도 이렇게 달라졌겠죠.

"장난감을 뺏긴 순간 '분노 버튼'을 눌렀더니 장난감이 내 손에 들어

왔다. 엄마는 '앞으로도 네 것은 네가 지켜'라고 말한다. 남자 친구가 약속에 늦었다. 참을 수 없이 화가 나 '분노 버튼'을 마구 누르니 남자 친구가 아름다운 꽃다발을 선물한다. 결혼 후에도 잦은 야근으로 집 안일을 돕지 않아 열이 받을 대로 받아서 '분노 버튼'을 눌렀다. 그랬더니 아이들과 신랑이 다시는 그러지 않겠다고 내게 사과한다."

만약 상황이 이렇게 흘렀다면 사연의 주인공이 가진 감정의 무기는 슬픔이 아니라 분노였을 것입니다. 애초에 분노를 장려받았다면 화를, 슬픔을 장려받았다면 눈물을, 죄책감을 장려받았다면 자꾸만 미안한 감정이 들었겠죠.

우리가 살아가면서 주요 인물들에게 어떤 감정을 장려받았는지에 따라 개인이 선택하는 전략이 달라집니다. 즉 일련의 경험이 현재의 내가 주로 갖는 정서와 밀접한 관련이 있는 것입니다.

 **나를 들여다보는 시간**

☐ 당신이 주로 누르는 감정 버튼은 무엇입니까? 어쩌면 그 감정은 당신의 진짜 감정이 아닐 수도 있습니다.

거짓 감정이
삶의 전략이 되는 순간

인간의 행동을 파악하는 행동주의 심리학

현대 심리학에서 논의 중인 대부분의 주제 위에는 철학이 있습니다. 고대 철학자들은 동서양을 막론하고 인간이 가진 근본적인 문제를 끄집어내 꼬리에 꼬리를 물며 우리와 우리 주변을 둘러싼 모든 것들에 의문을 갖고 해답을 찾으려 했습니다.

예컨대 행복이란 무엇인지, 어떻게 살아야 잘 사는 것인지, 예의를 갖춘다는 것은 무엇이고 관계를 맺는다는 것은 어떤 의미인지 등의 의문입니다. 그렇게 나온 해답은 우리에게 정답을 주기 때문에 의미

있는 것이 아니라, 답을 찾는 과정에서 깊이 생각해 볼 수 있기 때문에 의미가 있습니다.

하지만 20세기에 이르자 인간이 가진 근본적인 문제들이 자기 성찰적인 방법으로는 충분히 연구될 수 없고 매우 주관적이기 때문에 이를 입증할 수 없다는 분위기가 나타났습니다. 더불어 과학이 발전하면서 실험을 통해 인간의 행동을 측정할 수 있게 됐습니다. 이것이 바로 심리학의 탄생 배경이자 이른바 행동주의 접근법의 태동입니다.

"진정한 심리학은 정신에 관한 이야기를 중단하는 대신, 행동의 예측과 통제에 중점을 둔다."

존 B. 왓슨(John Broadus Watson)의 말처럼 행동주의 심리학은 인간의 내적 정신 상태는 배제하고 객관적으로 관찰 가능한 행동으로 이야기하는 학문입니다.

행동주의 심리학의 대표적인 실험을 소개하겠습니다. 스키너의 상자(skinner box)로 유명한 B. F. 스키너(Burrhus Frederic Skinner)의 쥐 실험입니다. 상자 안에 막대 버튼을 누르면 먹이가 나오는 장치를 만들고 쥐를 넣어 관찰합니다. 쥐는 우연히 막대 버튼을 누르자 먹이가 나오는 것을 발견합니다. 버튼을 누르면 먹이가 나온다는 것을 학습하니, 이제는 스스로 막대를 누를 뿐 아니라 누르는 속도도 빨라집니다.

　만약 우리에게도 이런 막대 버튼이 있다고 가정해 보겠습니다. 특정 상황에서 우연히 어떤 행동을 하거나 어떤 감정을 드러냈더니 안정감 또는 성취감을 맛봤다면 어떨까요. 아마 우리도 막대 버튼을 누르는 쥐처럼 그 행동을 계속할 수밖에 없을 것입니다.

 나를 들여다보는 시간

☐ "우리는 다른 사람을 통해 우리 자신이 된다." 레프 비고츠키 말처럼 우리의 감정도 다른 사람을 통해 스며든 거짓 감정은 아니었을까요?

세상에 나쁜 감정은 없다.
문제 있는 감정이 있을 뿐

감정을 결정하는 개인의 신념 체계

"인간은 사건이 아니라 사건을 보는 관점 때문에 불안해진다."

스토아 철학자인 에픽테토스의 말입니다. 이 주장은 훗날 정신 분석가 앨버트 엘리스(Albert Ellis)가 1955년에 창안한 '합리적 정서 행동 치료(Rational Emotion Behaviour Therapy, REBT)'의 토대가 됐습니다. 엘리스는 이렇게 주장했습니다.

| 5장 · 나는 왜 감정을 표현해도 답답할까? _라켓 감정 |

"경험은 그 어떤 특정 정서 반응도 일으키지 않는다. 다만 그런 반응을 낳는 것은 개인의 신념 체계다."

예를 들어, 출근하는 중 돌부리에 걸려 넘어지는 바람에 옷이 찢어지는 상황이 벌어졌습니다. 이때 신념 체계가 합리적인 사람은 그 자리에서 이 문제를 해결할 방법을 생각합니다. 옷이 얼마나 찢어졌는지, 회사에 가서 수습할 만한 상황인지, 아니면 세탁소나 집으로 가야 할 상황인지 말입니다.

반면 신념 체계가 비합리적인 사람은 이렇게 생각합니다.

'이제는 돌부리까지 나를 건드네? → 일을 그만둬야지 → 빌어먹을 회사!'

'어쩐지 요즘 잠잠하다 했다 → 내가 하는 일이 다 이렇지 뭐 → 내 인생이 잘될 리 없지'

단지 돌부리에 걸려 넘어진 것뿐인데 내 인생은 잘될 리 없고, 일을 그만둬야겠다는 말까지 운운합니다. 마치 그 찰나의 순간이 자신의 평생을 대변이라도 하듯 말이죠. 그리고는 비참함, 분노, 슬픔, 허무함 등 현재 상황과 맞지 않는 감정을 있는 대로 끌어모아 자신을 정말 '그런 사람'으로 만들어 버립니다.

누군가 이런 생각이 합리적이냐고 묻는다면 그 대답은 '아니오'일 것입니다. 하지만 우리는 돌부리에 걸려 넘어지는 상황 말고도 수많은 스트레스 상황에서 이와 유사한 경험을 합니다. 환경이 달라지고 사람이 바뀌는 새로운 상황에서도 나의 비합리적인 생각들, 그리고 그로 인해 빚어지는 감정들은 대개 일관적으로 흘러갑니다.

그렇다면 세상에 나쁜 감정이란 있을까요? 아마 없을 것입니다. 내가 느끼는 모든 감정은 다 옳습니다. 하지만 문제 있는 감정은 있습니다. 이제부터는 문제 있는 감정이 왜 문제가 되는지 소개하겠습니다.

감정 조작꾼, '라켓 감정'

교류분석에서는 '라켓(racket)'이라는 개념이 있습니다. 라켓이란 자기도 모르게 환경을 조작하는 수단으로 사용하며, 초기에는 개인의 가정에서 학습하고 장려됐다가 성인이 돼서는 착취적인 방식으로 사용되는 것을 의미합니다. 그리고 이때 느끼는 감정을 '라켓 감정'이라고 합니다. 라켓 감정은 아동기에 금지됐던 감정에 대체된 감정, 스트레스를 받는 상황에서 자주 경험하는 친숙한 정서로서 본인이 의식하지 못한 채 느끼는 정서입니다.

라켓 감정이 문제가 되는 이유는 본인이 의식하지 못한 채로 나에게 친숙한 감정을 느끼도록 환경이나 생각을 조작하기 때문입니다. 앞서 사연들을 소개하면서 놀이터에서 장난감을 뺏긴 상황, 남자 친구가 약속에 늦는 상황, 혹은 아이들이 집을 마구 어질러 놓고 신랑은 늦게 들어오는 상황에서 '슬픔'이라는 감정은 왠지 어울리지 않는다고 말씀 드렸습니다. 하지만 주요 인물에게 슬픔을 장려받고 본인이 선택하면서 슬픔은 고정된 감정이 됩니다. 그렇게 되면 이후 거의 모든 스트레스 상황에서 슬픔 버튼을 누릅니다.

'내가 어떻게 얻은 장난감인데.'
'남자 친구가 나를 무시한다.'
'내 인생이 없어지는 것 같다.'

그리고는 이렇게 온갖 슬픈 생각을 끌어모읍니다. 그래야 내가 느끼는 슬픔이 정당화되기 때문입니다. 그런데 돌부리에 걸려 넘어지는 상황은 슬픔과 연결하기에 합리적이지 않아 보입니다. 그래서 이번에는 생각을 바꿉니다. 예컨대 이런 과정을 거치는 것이죠.

'나쁜 인간, 그렇게 신경을 써 줬는데도 내 뒤통수를 치다니 → 이제는 돌부리까지 나를 치는구나 → 세상에 믿을 것 하나 없어 → 슬픈 내 인생'

이처럼 라켓 감정은 환경과 생각을 조작하면서 늘 우리 곁을 따라 다닙니다. 사실 그 감정은 진정한 감정에 대치되는 거짓 감정일 뿐인데 말이죠.

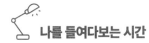

나를 들여다보는 시간

☐ "사람들과 상황이 우리를 불안하게 하는 것이 아니다. 그들이 우리를 불안하게 할 수 있다는 믿음이 스스로를 불안하게 하는 것이다."

- 앨버트 엘리스

문제 있는 감정이
문제가 되는 이유

과거로 돌아가는 감정 타임머신, '러버 밴드'

아이들과 보러 갔다가 어른들이 울고 나온다는 만화 영화 〈짱구는 못 말려 극장판: 어른 제국의 역습〉을 소개합니다. 만화에 등장하는 악당들은 21세기를 감정도 없고 삭막한 곳으로 취급하며 세상을 20세기로 되돌리려는 계획을 세웁니다. 그리하여 동네에 20세기 박물관을 세우고 이곳에 온 어른들을 아이로 만들죠. 짱구와 친구들이 아이가 된 부모를 어른으로 되돌리기 위해 악당과 맞서 싸우는 내용인데요. 이 만화에서 '히로시의 회상'이 명장면으로 꼽힙니다.

| 나를 몰랐기 때문이다 |

마치 타임머신을 탄 것처럼 그동안 히로시가 살아온 삶의 장면을 보여 줍니다. 아버지 뒤에서 자전거를 타던 어린 시절, 고등학생이 돼 첫사랑과 함께 자전거를 타는 장면, 헤어짐, 사회생활의 시작, 결혼, 아이를 낳고 행복해하는 장면 등 '아픔', '고달픔', '행복'의 감정들이 파노라마처럼 펼쳐집니다.

이런 영상 기법을 '플래시백'이라고 합니다. 짱구의 아버지처럼 과거의 장면으로 돌아가 그 시절을 회상하듯 묘사하는 방법입니다. 영화에서는 대개 이런 기법으로 주인공들의 현재 모습이 이렇게 될 수밖에 없는 이유를 설명하곤 합니다.

그런데 현실을 사는 우리도 이를 경험합니다. 사람은 찰나에 스쳐 지나가는 생각, 누군가의 행동이나 말, 늘 보던 사물들에서도 불현듯 과거를 떠올리며 그 순간을 느낄 수 있습니다. 교류분석에서는 '러버밴드(rubber band)'라는 개념으로 이를 설명합니다. 기억의 고무줄을 튕기듯 '억울하지만 웃을 수밖에 없었고, 슬프지만 참을 수밖에 없었던 착한 아이'로 돌아가 그때 그 아이가 했던 것처럼 현실의 문제를 해결하려는 것입니다.

라켓 감정의 문제는 바로 여기에 있습니다. 화나는 상황에 슬픔을 장려받거나, 기뻐야 할 때에 침묵을 강요받거나, 혹은 실컷 울어도 될 상황인데 약해 보이면 안 된다는 이유로 금지당합니다. 그래서 자리

잡은 거짓 감정은 그 시절에는 외부로부터 자신을 지키는 무기였겠지만 현재와 맞지 않은 전략입니다. 단지 인생의 각본을 재현하는 수단밖에 되지 않기 때문입니다.

부정적인 감정이 휘몰아칠 때면 지금, 여기의 문제는 온데간데없고 과거의 상황과 어린 시절의 내 모습만 남습니다. 과거의 아이가 지금의 문제를 해결하려 들기 때문에 그것은 아무런 도움이 되지 않습니다.

쿠폰처럼 차곡차곡 쌓인 감정, '스탬프'

클라리사 에스테스(Clarissa Estes)의 《늑대와 함께 달리는 여인들》에서 '못된 남자와 오아시스 이야기'가 나옵니다. 한 남자가 자신의 화를 참지 못하고 시도 때도 없이 분노를 폭발해 친구들에게마저 외면당합니다. 남자는 늙은 현자를 찾아가 어떻게 하면 자신의 버릇을 고칠 수 있을지 묻습니다. 누더기를 입은 현자는 저 멀리 사막에 가서 행인들에게 물을 한 그릇씩 퍼 주라고 말했습니다. 남자는 사막으로 달려가 여러 달 동안 지나가는 행인들에게 물을 퍼 줬습니다. 놀랍게도 남자는 물을 퍼 주는 동안 한 번도 화를 내지 않았습니다.

그러던 어느 날 한 나그네가 남자가 건넨 물을 보며 코웃음을 치고 지나갑니다. 이에 남자는 머리끝까지 화가 났고 그 자리에서 나그네

를 죽여 버립니다. 남자는 급속도로 후회합니다. 그런데 때마침 누군
가가 남자에게 달려와 '정말 고맙다'고 말하는 것입니다. 알고 보니 남
자가 죽인 나그네는 임금을 시해하러 가던 자였습니다. 그 순간 오아
시스의 오염된 물이 맑아졌고 시들었던 나무와 꽃도 다시 제 빛깔을
내며 되살아났습니다.

이 이야기의 핵심은 살인이 아닙니다. 바로 적당한 때에 화를 발산
하는 지혜의 메시지를 담고 있는 것이죠. 내 안의 감정도 흐르는 물과
같아서 자극을 주고받은 만큼 드나듦이 자유로워야 합니다. 어디 한
곳에 고여 있거나, 딱딱하게 굳어 흐르지 않는다면 결국 쌓이고 쌓여
서 문제가 발생합니다. 머리로는 괜찮다고 생각하지만 실제로는 발산
되지 않은 감정의 찌꺼기들이 분명 내 안의 어딘가에서 문제를 일으
킵니다.

대개 라켓 감정을 경험할 때 우리가 할 수 있는 일은 2가지입니다.
왜곡된 감정이라도 밖으로 표현하거나, 당장 표출되지는 않지만 나중
을 위해 저장하는 것입니다. 예를 들어 5만큼 화를 낼 일인데도 50만
큼 분노하는 사람이 있습니다. 사소한 다툼에도 절교를 외치며 덤벼
들죠. 또, 10만큼 슬퍼할 일인데 100만큼 눈물을 흘리는 사람도 있습
니다. 이들은 작은 실수도 큰 실수처럼 여기며 자신을 무참히 짓밟습
니다.

상대방이 보기에는 '굳이 그렇게까지 할 일인가?' 싶지만 당사자는 감정들이 곪을 대로 곪고, 쌓일 대로 쌓여서 밖으로 터지는 순간입니다. 라켓 감정이 문제가 되는 이유는 이처럼 제때 해소하지 못한 감정들이 마치 쿠폰 북에 찍힌 '스탬프'처럼 쌓여서 작은 자극에도 폭발하기 때문입니다. 적당한 시기에 올바르게 터지지 않는 화는 어디로 튈지 모르는 폭탄입니다. 전혀 상관없는 사람에게도, 우리 몸 어딘가에도 불똥이 튀는 것처럼 말입니다.

 나를 들여다보는 시간

☐ 5만큼 화나는 일에 500만큼의 분노가 일렁이는 이유는 해묵은 감정까지 당신의 어깨에 올라탔기 때문입니다. 종이를 꺼내 당신의 감정을 하나씩 적어 볼까요? 뭐부터 꺼내야 할지 몰라 당황스럽고 민망하지만 남을 보듯이 내 상처를 바라보는 연습이 필요합니다.

나를 몰랐기 때문이다

우리를 부추기는
대표적인 라켓 감정

당신은 어떤 늑대에게 먹이를 주나요?

로날드 슈베페(Ronald P. Schweppe)의 《하얀 늑대에게 먹이를》은 동서양에서 다양하게 전해 내려오는 이야기들에 심리학을 비롯한 여러 이론을 알기 쉽게 접목한 책으로 우리에게 다양한 지혜를 전해 줍니다. 그중 이야기 하나를 소개하려고 합니다.

어느 날 한 인디언 노인이 손자에게 두 마리 늑대 이야기를 들려줍니다.

"얘야, 우리 마음속에는 두 마리의 늑대가 늘 싸우고 있단다. 한 마리는 검정색 늑대인데, 분노와 수치심, 질투, 외로움으로 가득 차 있지. 다른 한 마리는 하얀색 늑대인데, 사랑과 겸손, 배려와 포용으로 가득하단다."

할아버지의 말을 들은 손자가 묻습니다.

"그럼 누가 이겨요?"

그러자 노인은 이렇게 답합니다.

"바로 네가 먹이를 주는 녀석이 이기지."

당신은 어떤 늑대에게 먹이를 주나요? 혹시 분노와 수치심, 질투, 외로움으로 가득한 검정색 늑대인가요? 그렇다면 검정색 늑대에게 주로 주는 먹이는 무엇인가요? 라켓 감정이란 스트레스를 받는 상황에 자주 경험하는 친숙한 정서라고 말했습니다. 또한 아동기에 학습되고 주위 사람이 부추긴 정서이며, 진정한 감정에 대치된 감정이죠. 지금부터는 우리를 부추기는 대표적인 핵심 라켓 감정 5가지를 알아볼 것입니다.

○ 죄책감

○ 수치심

○ 열등감

○ 외로움

○ 배신감

이 5가지 핵심 라켓 감정이 단순히 감정 자체로 모습을 드러낼 때와 라켓 감정으로 발현될 때의 차이는 무엇인지, 어떤 상황에서 주로 발생하고 함께 나타나는 감정은 무엇인지를 알아봅니다. 그리고 이것이 우리 마음속에서 고개를 들 때면 구체적으로 내게 어떤 일이 일어나는지 생각해 보도록 하겠습니다.

 나를 들여다보는 시간

☐ "자연스러운 슬픔을 우울증으로 바꾸려면 자신에게 닥친 불행에 대해 자책하기만 하면 된다."

- 도로시 로우

화를 내고 울어도
속 시원하지 않은
당신에게

▶ 죄책감 라켓

▶ 수치심 라켓

▶ 열등감 라켓

▶ 외로움 라켓

▶ 배신감 라켓

6장에서는 우리를 부추기는 대표적인 핵심 라켓 감정 5가지를 알아봅니다. 또 6단계 라켓 시스템으로 이것이 타인이 준 가짜 감정임을 알아차리고 진짜 감정으로 채우는 연습을 합니다. 우리에게는 진정한 감정을 들여다볼 용기와 되찾을 권리가 있다는 것을 잊지 말아야 합니다.

"내가 더 잘했어야 했는데" 죄책감 라켓

#. 남들 잘못이 내 잘못 같다

옆자리에 앉은 동료가 팀장님께 꾸중을 듣습니다. 늦은 시간까지 자료를 만드느라 애를 먹었을 텐데, 아마도 엑셀 시트가 꼬인 모양이에요. 저는 이런 상황이 올 때마다 너무 불편합니다. 내가 혼나는 것도 아닌데 땀이 나고 긴장되면서 어찌 할 바를 모르겠습니다.

'내가 조금 더 신경 썼어야 했는데…'

사람들을 보살피지 못한 내가 한심스럽기도 하고, 때로는 내 일도 아닌데 당사자보다 더 마음을 쓰는 자신이 바보 같아 화가 나기도 합니다. 저에게는 세 살 터울 남동생이 있습니다. 저는 동생이 태어나면서 부모님에게 거의 사랑받지 못했습니다. 물론 부모님이 바쁘기도 했지만 제가 아무리 공부를 열심히 하고 성적을 잘 받아도, 눈치를 보며 비위를 맞춰도 그게 당연한 일로 여겨졌어요. 동생이 식탁에 앉아 밥을 먹지 않고 반찬 투정을 하거나, 숙제를 안 하고 놀다가 늦게 들어오면 오히려 제가 혼이 났습니다.

"너는 누나가 돼서 동생 하나 못 돌보고 뭐 하는 거니?"

저는 매번 동생이 무슨 잘못이라도 할까 봐 등줄기에서 땀이 나고 긴장했습니다. 학교를 다닐 때도, 친구들을 만날 때도, 회사를 다니고 있는 지금도 큰 고성이 오가는 날이면 앞장서서 수습하려는 제 모습이 싫어지기까지 합니다.

죄책감의 얼굴을 한 슬픔

이 마음은 어디서 오는 것일까요? 이것이 현실 문제를 다루기에 적절한 감정일까요? 동료가 질책받거나 친구들이 싸우는 상황에서 그들을 잘 돌보지 못한 나의 모습이 싫어지기까지 하는 건 과연 내 진정한 감정일까요?

이 사연의 핵심 라켓 감정은 '죄책감'입니다. 이런 상황에 놓일 때면 늘 자신이 한심스럽고 화가 나는 것은 죄책감 라켓 감정의 조각들입니다. 그리고 등줄기에서 땀이 나고 전전긍긍 긴장을 호소하기도 하는데요. 이것은 내가 미처 알아차리지 못하는 상황에서 어떻게든 라켓 감정을 표현하는 방법이나 수단으로써 신체적 외상이 나타난 것입니다.

그렇다면 죄책감의 진짜 얼굴은 무엇일까요? 어린 나이임에도 부모에게 사랑과 보호를 듬뿍 받지 못한 채 동생을 챙겨야 했던 그 순간에 느꼈던 진짜 감정 말입니다. 그것은 아마도 '슬픔'이었을 것입니다. 인정받고, 칭찬받고 싶은 어린아이. 어쩌면 그런 것까지는 바라지도 않고 '첫째'나 '누나'가 아닌 '나' 그대로를 봐 줬으면 하는 마음 말입니다.

하지만 사랑을 충분히 느끼지 못한 채 삭혀야 했던 슬픔은 이제 온데간데없이 사라지고 '내가 더 잘했어야 했는데', '내 잘못이야', '아빠, 엄마는 바쁘니까 내가 더 잘 돌봐야 해'라는 죄책감으로 흠뻑 젖은 감정의 찌꺼기들만 남았습니다.

	죄책감	죄책감 라켓
정의	사회적 규범이나 원칙, 개인적 신념 등에 어긋난다고 여기는 생각 또는 행동을 할 때 느끼는 감정	그럴 만한 일이 아님에도 만성적으로 죄책감을 갖도록 만드는 상황이나 생각 혹은 감정

죄책감은 내가 반드시 해야 한다고 여기는 일임에도 그것을 완수하지 못했거나 사회적 합의를 따라야 함에도 그렇게 하지 못했을 때 느끼는 감정입니다. 즉 자신이 저지른 잘못에 대한 책임을 느끼는 마음입니다. 그래서 주로 이런 말을 합니다.

'내가 ~했어야 했는데.'

'내가 ~을 못해서.'

'내가 조금만 ~했어도.'

'~을 못하면 안 되는데.'

반면 죄책감 라켓은 어떤 상황이 발생했을 때 내가 잘못한 일이 아님에도 마치 내가 잘못한 것처럼 죄책감이 드는 상황이나 생각 혹은 감정입니다. 예컨대 동료가 상사에게 혼이 나거나, 친구가 일이 잘못돼 실패를 겪는 상황, 형제나 자매가 하는 일이 안 풀려 고전을 겪고 있는 상황에서 '내가 잘 이끌어 줬으면 이런 일이 없었을 텐데', '내가 조금 더 신경 썼어야 했는데'라는 식으로 생각합니다. 실제로 내 잘못이 아닌데도 마치 나 때문에 이런 일이 일어난 것 같다는 생각을 떨칠 수 없습니다.

죄책감을 동반한 라켓 감정은 '부끄럽다', '미안하다', '어쩔 줄 모르겠다', '실망스럽다', '고개를 들 수가 없다', '화가 난다' 등이 있습니다.

나를 들여다보는 시간

☐ 왜 그것까지 당신이 힘들어하나요? 타인의 몫은 타인의 것으로 남겨 두세요.

"믿는 도끼에 발등 찍힐까 두렵다" 수치심 라켓, 배신감 라켓

#. 역시 나는 연애와 어울리지 않아

저는 소개팅을 좋아하지는 않지만 나이가 있는지라 들어오는 자리를 거절하지는 않습니다. 그날도 소개팅이 있어 약속 장소로 나갔는데요. 이번에는 느낌이 나쁘지 않았습니다. 상대방도 제가 마음에 들었는지 이후 몇 번 더 연락이 왔고, 오늘은 제게 만나 보자고 고백을 해 왔습니다. 하지만 갑자기 이런 생각이 들었어요.

'본 지 얼마 되지도 않았는데 저 사람은 내 어디가 좋다는 걸까? 호기심에 한번 만나 보자는 것일 테지. 어쩌면 장난일 수도 있어.'

그리고 '저도 그쪽이 더 좋아지게 될까 봐 무서워요'라는 말이 목구멍까지 차올랐습니다. 사실 저는 어린 시절에 부모님이 싸우는 모습을 자주 보며 자랐습니다. 어머니는 항상 아버지와의 싸움 끝에 제게 이렇게 말했습니다.

"너를 임신하는 바람에 내가 시집 와서 이 고생이다."

그때는 이 말이 무슨 뜻인지도 몰랐습니다. 하지만 자라면서 아버지 때문에 가계가 기울고, 할아버지께서 물려주신 집마저 저당 잡힌 날 엄마가 대성통곡하는 모습을 보고 깨달았죠.

'아, 나는 태어나면 안 되는 존재였구나.'

그래서 남자는 별로 만나고 싶지 않습니다. 연애는 고사하고 결혼도 사치 같아요. 아이를 낳아 키우는 것도 부담이고, 여태껏 남자를 잘못 만나 고생한 엄마를 보면 저도 저렇게 믿는 도끼에 발등 찍히며 평생을 처참하게 살까 무섭습니다. 이런 생각이 심해질 때면 화가 나고 분통이 터져 머리가 어지럽기까지 합니다.

'역시 저에게 연애는 어울리지 않는 것 같아요. 죄송합니다.'

수치심과 배신감의 얼굴을 한 두려움

결혼과 연애, 남자를 떠올릴 때 주로 드는 핵심 라켓 감정이 바로 '수치심'과 '배신감'입니다. 누군가와 사랑을 하게 된다는 것은 상상만 해도 부담스럽고 잘난 것 없는 내게 다가오는 사람은 왠지 꿍꿍이가 있는 것 같습니다. 아직 서로를 잘 모르는데 좋아하는 감정이 생긴다는 것도 의심스럽고, 나도 엄마처럼 평생 남편 뒤치다꺼리를 해야 하는 것은 아닐지 걱정도 됩니다.

그럴 때면 부끄럽고 화가 치밀기도 하고 머리가 어지럽고 진절머리가 나기도 하죠. 바로 '나는 태어나면 안 되는 존재'라는 수치심, 자신과 동일시한 엄마의 입장에서 본 아빠, 나아가 남자에 대한 배신감이 사연자의 핵심 라켓 감정입니다.

이것을 라켓 감정으로 보는 이유는 단 하나입니다. 스트레스 상황, 즉 연애, 결혼, 남자라는 이름 앞에만 서면 고무줄이 튕기는 것처럼 어린 시절의 감정과 방법으로 현재 상황을 해결하려 합니다. 하지만 실제로는 아무 도움도 되지 않기 때문입니다.

사연자의 마음에 수치심과 배신감이 자리 잡기 전의 진짜 감정은 무엇이었을까요? 그것은 아마도 '두려움'이었을 것입니다. '부모님이 또 싸우지는 않을까', '혹시 헤어지는 건 아닐까', '엄마가 나를 버리지는 않을까' 하는 두려움 말입니다.

수치심 라켓

	수치심	수치심 라켓
정의	스스로를 부끄러워하는 감정. 자신이 부적절하기 때문에 다른 사람들에게 거부당하고 조롱당하며 존중받지 못할 것이라는 감정	그럴 만한 일이 아님에도 만성적으로 수치심을 갖도록 만드는 상황이나 생각 혹은 감정

수치심은 수치를 느끼는 마음, 즉 스스로 떳떳하지 못한 마음입니다. 내가 하는 일마다 잘 안 풀린다고 느낄 때, 하는 짓마다 바보 같다는 생각 때문에 어디 나가기가 싫을 때 나타납니다. 그래서 주로 이런 말을 합니다.

'나에게 능력이 없다.'

'나는 할 수 없다.'

'나는 못났다.'

반면 수치심 라켓은 그럴 만한 일이 아님에도 만성적으로 수치심이 들도록 만드는 상황이나 생각 혹은 감정입니다. 예를 들어 회사에서 작은 실수를 했을 때 툭하면 '나는 항상 이런 식이다', '나는 일머리가 없다'라며 자신을 탓하고 부끄러워합니다. 자신을 탓하는 마음이 끝없이 반복됩니다.

수치심을 동반한 라켓 감정은 '우울하다', '부끄럽다', '멍청하다', '게으르다', '무기력하다', '창피하다' 등이 있습니다.

배신감 라켓

	배신감	배신감 라켓
정의	믿음이나 의리의 저버림을 당한 느낌	그럴 만한 일이 아님에도 만성적으로 배신감을 갖도록 만드는 상황이나 생각 혹은 감정

배신감은 내가 아끼고 보살핀 상대가 의리를 저버리고 뒤통수를 쳐 화가 나는 상황에 나타나는 감정입니다. 주로 이런 말을 합니다.

'믿었는데 당했다.'

'처참히 부서졌다.'

'내가 너에게 어떻게 했는데 네가 어쩌면 나에게 그럴 수 있지?'

반면 배신감 라켓은 그럴 만한 일이 아님에도 만성적으로 배신감을 갖는 상황이나 생각 혹은 감정입니다. 예를 들어 누군가에게 호의를 베풀었을 때 원하는 반응이 돌아오지 않으면 이런 식으로 생각이 흘러갑니다.

| 나를 몰랐기 때문이다 |

'나는 원래 명랑하고 밝은 성격이지만 사람들에게 자주 배신당해 소심해지고 쇠약해졌다. 기껏 생각해서 챙겨 줬더니 자기들이 필요할 때만 날 찾다니! 나의 고마움은 안중에도 없구나.'

배신감을 동반한 라켓 감정은 '화가 난다', '분통이 터진다', '무섭다', '미칠 것 같다', '짜증 난다', '약이 오른다', '진절머리가 난다' 등이 있습니다.

나를 들여다보는 시간

□ 지금 당신은 어른입니다. 부디 그 시절의 어린아이로 돌아가지 마세요. 혼자서 중얼거려도 좋고 눈을 잠시 감았다 떠도 좋습니다. 그리고 선택하세요. 그때에 머물 것인가 지금의 나로 살 것인가.

"내 성취가 마음에 안 든다"
열등감 라켓

#. 잘했다는 말을 들어도 기쁘지 않다

'대충 해. 어차피 잘할 거면서.'

'어쩜, 넌 항상 열심히 하더라.'

'이번 발표 정말 좋았어.'

저는 평소에 이런 말을 자주 듣습니다. 익숙하지만 들을 때마다 어색하고 불편해요. 심지어 살짝 짜증이 날 때도 있습니다. '잘한다'는 칭찬을 들으면 기분은 좋지만 그렇다고 감사할 것도 없습니다. 다들 저만큼 공을 들이면 이 정도 성과가 안 나올 리 없거든요.

아버지는 할아버지가 일찍 돌아가시고 어려운 형편에서도 형제들을 뒷바라지하며 공부까지 마치게 한 장본인입니다. 사업 수완도 좋아서 하는 일마다 잘 풀렸죠. 이렇듯 정신력 강한 아버지는 형과 저를 늘 비교했습니다. 성적은 물론이고 밥을 먹는 양과 속도, 어른들께 용돈을 받은 후 저금을 하는지의 여부, 심지어 낮잠을 자는 시간까지도 비교의 연속이었습니다.

도대체 그것들이 능력과 무슨 상관인지 화나기도 했지만 저는 결국 형에게 질 수밖에 없었던 제 근성을 탓하게 됐습니다. 제가 글쓰기 대회나 영어 말하기 대회에서 1등을 해도, 창의력 경진 대회나 수학 올림피아드에서 1등을 한 형보다 떨어지는 아이라는 생각이 들었습니다.

'글쓰기나 영어 말하기보다는 창의성과 수에 밝은 능력이 이 어려운 세상을 살아가는 데 더 도움이 되지 않겠어?'

어쩌면 저는 불행한 사람일지도 모릅니다. 아마 세상 사람들 모두가 저를 칭찬하고 인정해 줘도 제 마음은 채워지지 않을 것 같습니다. 아무리 잘해도 저는 우리 집 똥강아지이고, 형은 우리 집 대장일 테니까요.

열등감의 얼굴을 한 기쁨

이번 발표가 정말 좋았다는 누군가의 칭찬 한마디에 '나는 우리 집 똥강아지, 형은 우리 집 대장'이 된 이야기까지 거슬러 올라갑니다. 사연자에게 칭찬은 익숙한데 불편하고, 자주 듣지만 어색한 말입니다. 칭찬을 칭찬으로, 인정을 인정으로 받아들이지 못한 채 끝없는 '열등감 라켓'에 휩싸이게 되는 것이죠.

사실 '이것은 열등감이야'라고 단번에 알아차리면 좋겠지만 짜증 나고, 불편하고, 불행하고, 외롭기까지 한 감정들이 섞이면서 늘 기분이 나쁘게 끝을 맺어야만 다음 페이지로 넘어갈 수 있습니다.

그렇다면 어린 시절에 억압됐던 진짜 감정은 무엇일까요? 그것은 바로 '기쁨'입니다. 만약 그때 아버지가 한 번이라도 오직 사연자만을 위해 칭찬해 줬다면 그가 어른이 돼서도 이렇게까지 마음이 아프지는 않았을 것입니다.

내가 밥 한 그릇을 다 비우고 숟가락을 내려놨을 때, 처음 자전거 타기에 성공했을 때, 글쓰기 대회에서 1등을 했을 때 나를 온전히 인정해 줬다면 마음이 편해졌을지 모릅니다. 나의 성취를 온전히 기뻐해 준 누군가가 있었더라면 이런 열등감은 없었을지도 모릅니다.

나를 몰랐기 때문이다

	열등감	열등감 라켓
정의	다른 사람에 비해 뒤떨어졌다거나 자기에게는 능력이 없다고 생각하는 감정	그럴 만한 일이 아님에도 만성적으로 열등감을 갖도록 만드는 상황이나 생각 혹은 감정

열등감은 자기를 남보다 못하거나 무가치한 존재로 낮춰 평가하는 감정입니다. '내가 더 잘났더라면 이런 대접을 받을 일이 없을 텐데', '아무리 열심히 해도 자꾸만 다른 사람을 의식하게 된다' 등 타인으로부터 인정받지 못할 것이라는 생각이 들 때마다 사로잡힙니다. 그래서 주로 이런 말을 합니다.

'내가 ○○보다 더 잘했더라면.'
'내가 뭐가 부족해서 이런 대접을 받지?'
'나는 어차피 못하니까.'

반면 열등감 라켓은 그럴 만한 일이 아닌데도 만성적으로 열등감을 느끼는 상황이나 생각 혹은 감정입니다. 예를 들면 이런 식의 생각을 합니다.

'스터디 모임에서 나만 빼고 다들 실력이 느는 것 같다. 그럴 리 없는데 자꾸만 비교당하는 것 같아 말 한마디를 할 때도 주눅이 든다. 그런데 지난번 모임에서도, 회사 프로젝트 발표 때도 나는 늘 그랬다. 다른 사람들보다 뒤떨어지는 것 같고 스스로가 못 미덥다.'

이렇듯 자신이 상대방에 비해 뒤떨어지는 것 같다는 생각에 쉽게 빠집니다.

열등감을 동반한 라켓 감정은 '화가 난다', '짜증이 난다', '구질구질하다', '무례하다', '외롭다', '불행하다', '지친다' 등이 있습니다.

 **나를 들여다보는 시간**

□ 지난 일들을 어찌 잡아 세울 수 있을까요. 붙잡을 수 없는 것을 붙잡기 위해 너무 애쓰지 마세요. 그냥 흘러가게 내버려 두는 것도 방법입니다.

| 나를 몰랐기 때문이다 |

"어차피 혼자가 될 거야"
외로움 라켓

#. 남자 친구를 소개하기가 두렵다

"너는 왜 남자 친구 안 사귀어?"

저는 남자 친구가 있습니다. 주변 사람들에게 말하지 않았을 뿐이죠. 이런 말을 들을 때면 겉으로는 아닌 척하지만 속으로는 솔직하지 못한 저에게, 그리고 남자 친구에게 미안한 마음이 듭니다. 하지만 말하지 않는 편이 정신 건강에 더 좋습니다. '남자 친구는 뭐 하는 사람이냐', '몇 살이냐', '얼마나 만났냐'로 시작해서 '결혼은 언제 하냐'로 이어지는 질문들은 저를 피곤하게 만드니까요. 남자 친구는 성실하고 외모도 준수하며 저랑 사이도 좋습니다. 하지만 남자 친구를 주변 사람들에게 소개하자니 마음이 탐탁지 않은 것은 어쩔 수가 없습니다.

초등학생 때 병아리를 사서 집에 간 적이 있습니다. 들뜬 목소리로 엄마에게 '병아리가 왔다'고 소리쳤는데 엄마의 표정이 꼭 이렇게 말하는 듯했습니다.

'고작 병아리니?'

엄마는 제가 집에 친구들을 데려올 때도 같은 표정을 지었습니다. 그 표정이 잊히지 않아서 어느 순간부터 친구들을 데려오지 않았죠. 초등학교를 다니는 내내 생일 파티도 할 수 없었습니다. 이후 중학생이 되고, 가장 친한 친구를 집에 데려간 적이 있었는데 엄마가 제게 이런 말을 했습니다.

"금은 금끼리 놀고 은은 은끼리 논단다. 우리 딸은 참 예쁘고 훌륭한데 친구 보는 눈이 좀 없는 것 같네?"

'내가 정말 사람 보는 눈이 없는 걸까.' 이런 생각에 빠지다 보면 내 자신이 너무 초라하고 쓸쓸해집니다. 언제쯤 가족과 주변 사람들에게 떳떳하게 남자 친구를 소개할 수 있을까요? 그런 날이 오긴 할까요? 남자 친구 이야기만 나오면 점점 작아지는 목소리, 자신감을 잃어 가는 눈동자를 숨길 수가 없습니다. 남자 친구에게 너무 미안하고, 외롭습니다. 이제는 그냥 평생 혼자 사는 게 더 쉬울지도 모르겠다는 생각도 듭니다.

외로움의 얼굴을 한 화

상대방에게는 한없이 미안해지고, 나는 더없이 쓸쓸해집니다. 그래서 자꾸만 눈물이 흐릅니다. 이 마음의 핵심 라켓 감정은 '외로움'입니다. 만약 사연자의 엄마가 귀여운 병아리를 보여 줄 생각으로 신나게 발걸음을 옮겼을 때도, 아끼는 친구들을 데리고 갔을 때도 같이 기뻐해 줬다면 좋았을 테지만 엄마는 그렇지 않았습니다.

사연자는 차라리 내가 아끼는 것을 숨겨서라도, 외로움을 택해서라도 엄마의 그 표정을 보고 싶지 않았을 것입니다.

외로움, 쓸쓸함, 머쓱함 등 이 모든 라켓 감정에 대치되는 진짜 감정은 아마도 '화'일 것입니다. 다시 그때로 돌아간다면 소리치고 싶습니다. 왜 엄마는 친구들이 왔는데 아는 척도 안 해 주냐고, 내 친구들인데 좀 잘해 주면 안 되냐고, 내가 좋아하는 사람들인데 인정해 주면 안 되냐고, 아무리 싫었어도 그렇게 말하다니 너무한 것이 아니냐고 말입니다.

외로움 라켓

	외로움	외로움 라켓
정의	혼자가 돼 쓸쓸한 마음을 의미하며 타인과 소통하지 못하고 격리됐을 때 주로 느끼는 마음	그럴 만한 일이 아님에도 만성적으로 외로움을 갖도록 만드는 상황이나 생각 혹은 감정

외로움은 세상에 혼자 내버려진 것만 같은 생각이 들 때, 다들 행복한 모습인데 나만 외롭고 쓸쓸한 것 같을 때, 아마 이런 나를 도와줄 사람은 세상에 없을 것 같을 때 느끼는 감정입니다.

주로 '솔로라서 외롭다', '생일에 혼자 있어서 외롭다', '가족과 떨어져 혼자 남으니 외롭다'처럼 보편적으로 그럴 만한 상황에서 느끼는 쓸쓸한 감정을 의미합니다.

반면 외로움 라켓은 다릅니다. 주로 '인생은 혼자다', '사람들에게서 거리감이 느껴진다', '아무도 날 사랑하지 않겠지?' 등의 말을 합니다. 연인이나 친구와 즐겁게 데이트를 하고 나서도 항상 돌아서는 길에는 왠지 모를 공허함이 느껴집니다.

'이렇게 만나다가도 언젠가는 헤어지겠지? 만남이 있으면 헤어짐도

있는 법이니까. 결국 나는 혼자 남아 쓸쓸하게 죽을지도 몰라.'

외로움을 동반한 라켓 감정은 '공허하다', '쓸쓸하다', '외롭다', '텅 빈 것 같다', '불행하다', '비참하다' 등이 있습니다.

나를 들여다보는 시간

☐ 상대방이 원하는 모습만 보여 주며 살 수는 없어요. 그림자도 나의 일부랍니다. 그러니 떳떳하게 나를 표현하세요.

내 감정을 있는 그대로
알아차려야 하는 이유

문제 상황을 반복하는 라켓 감정

우리를 부추기는 대표적인 라켓 감정을 알아봤습니다. 물론 죄책감, 수치심, 열등감, 외로움, 배신감은 그럴 만한 상황이 발생했을 때라면 얼마든지 느낄 수 있는 건강한 감정입니다.

하지만 라켓 감정은 조금 다릅니다. '스트레스 상황이라면 만성적으로 느끼는 감정'으로 라켓 감정의 문제는 그럴 만한 상황이 아님에도 온갖 이유를 붙여 거짓 감정을 불러온다는 데 있습니다.

나를 몰랐기 때문이다

죄책감 라켓을 예로 들어 보겠습니다. 적절한 때, 적절한 상황에서 느끼는 죄책감은 오히려 '책임감'을 부르기 때문에 성장과 발전에 도움을 줍니다. 하지만 동료가 상사에게 혼나거나, 친구가 일이 잘못돼 실패를 겪는 상황, 형제나 자매가 하는 일이 안 풀리는 상황에서마저 죄책감을 느끼는 것은 아무런 도움도 되지 않습니다. 마치 나 때문에 이런 일이 일어난 것 같은 생각을 떨칠 수 없다면, 또한 이런 감정이 일시적인 것이 아니라 만성적으로 일어나는 주된 감정이라면 이는 문제가 있는 라켓 감정입니다.

수치심 라켓이나 열등감 라켓 역시 불쑥불쑥 튀어나와 자신이 부끄럽고, 자꾸만 소심해지고, 목소리와 몸짓 하나하나에 힘을 잃어 간다면 어떨까요. 별것 아닌 일에도 타인이 자꾸만 신경 쓰이고 '내가 더 잘해야지' 하는 마음이 계속 반복적으로 든다면 라켓 감정으로 의심해 볼 만합니다.

외로움 라켓, 배신감 라켓도 마찬가지입니다. 사람은 누구나 외로움과 배신감을 느낍니다. 그럴 만한 상황에서 느끼는 감정이라면 문제가 없습니다. 하지만 항상 쓸쓸하고, 항상 공허하며, 늘 불행한 느낌이 들거나 그럴 만한 일도 아닌데 툭하면 배신감을 느낀다면 이것은 라켓 감정일 확률이 높습니다.

진정한 감정만이 문제를 해결합니다

만약 처음부터 죄책감, 수치심, 열등감, 외로움, 배신감의 모습을 하고 우리를 찾아온다면 내 감정을 알아차리기가 조금 더 쉬울지 모르겠습니다. 하지만 나도 모르는 찰나의 순간에 일어나는 것이 감정인데 그것이 어디서 왔고 무슨 이름을 하고 있는지 어떻게 알 수 있겠습니까? 더욱이 감정은 다양한 모습으로 나타납니다.

'부끄럽다', '실망스럽다'
'공허하다', '쓸쓸하다'
'분노가 치민다', '화가 난다'
'얼굴을 들 수가 없다'
'의심스럽다', '원망스럽다'

그래서 이런 감정들이 어떤 마음에서 비롯된 것인지 모르고 지나갈 때가 훨씬 많습니다. 단지 분노가 치밀면 화를 내고, 부끄러우면 얼굴을 손으로 감싸거나 입술을 깨물고, 쓸쓸하면 눈물을 흘리는 것으로 감정 상태를 짐작할 뿐입니다.

그럼에도 불구하고 우리는 내 안에서 일렁이는 라켓 감정을 알아차리고 금지된 감정을 '진정한 감정(authentic feeling)'으로 채워야 합니다. 그러다 보면 어느새 왜곡된 내 모습은 지워지고 지금, 여기의 문제를 해결할 수 있을 것입니다.

나를 들여다보는 시간

□ "나를 신뢰하지 말고 시험하라."

- 아론 벡

진정한 감정을
들여다볼 용기와 되찾을 권리

진정한 감정은 화, 슬픔, 두려움, 기쁨이다

누군가가 이렇게 이야기합니다. '이유 없는 감정은 없다. 그리고 그 것은 어떤 방법으로든 표출된다.' 결국 감정의 이유를 찾아 그때에 충분히 머무르고 그럴 수밖에 없었던 나를 위로한다면 내 마음이 한결 가벼워질지도 모릅니다. '진정한 감정'을 찾는다면 말이죠.

진정한 감정은 어릴 때 금지되기 이전에 느꼈던 실제 감정을 말합니다. 또한 라켓 감정에 가려진 감정입니다. 장려받은 거짓 감정에 대체된 감정입니다. 앞선 사연들처럼 죄책감이 실은 '슬픔'이었고, 수치심과 배신감이 '두려움'이었으며, 외로움은 '화', 열등감은 '기쁨'이었던 것처럼 말입니다.

그렇다면 라켓 감정과 진정한 감정은 어떻게 구분할까요? 라켓 감정과 진정한 감정을 처음으로 구분한 파니타 잉글리시(Fanita English)에 따르면 라켓 감정은 '화가 난다', '초조하다', '한심하다', '부끄럽다', '눈물이 난다', '구석에 내몰린 기분이다', '멍하다', '혼란스럽다', '어처구니가 없다', '기분이 묘하다' 등 온갖 모호한 이름이 붙여집니다. 감정보다는 행동이나 생각, 사고에 가까운 표현이 대부분입니다.

반면 진정한 감정은 꽤나 단순하고 명료합니다. 바로 '화', '슬픔', '두려움', '기쁨'입니다. 물론 인간의 대표적인 감정을 분류하는 방법이 동서양, 학자마다 조금씩 다르지만 교류분석에서는 이 4가지 감정을 진정한 감정으로 보고 있습니다.

진정한 감정 되찾기

'내가 지금 화가 나는데 이것이 라켓 감정인가요, 진정한 감정인가요?'

이런 의문이 들기도 합니다. 그럴 땐 일렁이는 감정들을 가만히 들여다보세요. 라켓 감정은 그럴 만한 상황이 아닌데도 스트레스를 받을 때 자주 등장합니다. 또한 주위 사람에게 장려돼 온 감정, 상황을 내게 익숙하게 만들고자 전략적으로 사용되는 감정입니다. 따라서 현실의 문제를 해결하는 데 전혀 도움이 되지 않습니다. 만약 문제를 해결하는 기능이 있다면 진정한 감정이라고 할 수 있습니다.

진정한 감정을 알아차린다는 것은 단순히 감정을 안다는 것 그 이상입니다. 그때 그럴 수밖에 없었던 이유를 알면 그 슬픔은 과거를 극복하는 데 도움이 됩니다. 두려움은 미래를 준비하는 데에, 적절한 화는 현실에서 일어나는 문제를 더 담백하게 다룰 수 있습니다.

더 이상 감정에 생각을 보태 괴로워할 일도 없고, 고무줄이 튕기듯 그 시절로 돌아가 스트레스에 스트레스를 더할 일도 없으며, 쌓아 두고 엉뚱하게 터트릴 일도 없습니다. 지금부터는 라켓 감정을 알아차리고 일상을 진정한 감정으로 채우는 연습을 해 보겠습니다.

나를 들여다보는 시간

☐ 진정한 감정을 알면 문제 해결에 한발 더 가까워집니다. 부디 내 감정을 뒤춤에 숨겨 두지 마세요.

진정한 감정을 되찾는
6가지 방법 ①

감정에 이름을 붙이는 '감정 라벨링'

이 감정은 무엇입니까? 어떤 감정이 복받칠 때 그것이 부끄러움인지, 짜증인지, 외로움인지 감정에 이름을 붙여 봅니다. 이것을 '감정 라벨링'이라고 합니다. 사실 결코 쉬운 작업은 아닙니다. 여러 감정에 휩싸여 있을 땐 감정 하나하나를 구분해 이름을 붙이기도 어렵고 단어도 잘 떠오르지 않을 테니까요. 이 행동이 무슨 의미가 있을까 싶은 생각도 듭니다.

하지만 이 작업은 분명 도움이 됩니다. 흙탕물이 담긴 물병을 세게

181

| 6장 · 화를 내고 울어도 속 시원하지 않은 당신에게 |

흔들면 내용물이 마구 섞여 속이 보이지 않지만 잠시만 가만히 두면 입자가 가라앉아 물병 안을 들여다볼 수 있습니다. 감정 라벨링이 비록 처음엔 인위적으로 느껴지더라도 계속 연습하다 보면 어느새 감정의 소용돌이가 한풀 꺾인 모습을 발견할 수 있을 것입니다.

감정이 일어나는 이유 찾기

이 감정을 정당화하기 위해 어떤 이유를 모으고 있습니까? 감정에 이름을 붙이는 동시에 왜 이런 감정을 느끼는지 생각합니다. 이 작업은 2가지로 나눠 생각해야 합니다.

① 감정을 일으키는 촉매제가 무엇인가?

저마다 감정을 일으키는 촉매제가 다릅니다. 다른 사람은 아무렇지 않아도 나는 그냥 지나칠 수 없는 일이 있습니다. 어떤 사람은 상대방의 차가운 미소, 싸늘한 손동작, 식어 버린 말투에 감정이 촉발되고, 어떤 사람은 따뜻한 분위기, 친절과 호의, 고마운 배려에 감정이 일어나기도 합니다.

반복적으로 감정을 일으키는 촉매제를 탐지했다면 이를 다뤄 주는 일이 필요합니다. 대개 이런 감정은 내가 유독 싫어하는 부분, 감정적

나를 몰랐기 때문이다

으로 동요되는 부분, 취약점에서 발견됩니다. 상대방의 행동, 말투, 분위기, 상황, 맥락 등에 따라 특정한 감정이 떠오르면 그때부터 이 감정을 정당화하기 위한 온갖 이유를 갖다 붙이는 것입니다.

② 이 감정을 정당화하기 위해 어떤 이유를 모으고 있는가?

예컨대 점심시간에 서류를 정리하고 돌아오니 팀원들이 모두 밥을 먹으러 간 상황입니다. 이럴 땐 팀원에게 연락해 식사 장소를 물어볼 수도 있고, 혼자 먹거나 남아 있는 다른 직원과 함께 먹으러 가자고 할 수도 있겠죠. 그런데 문제는 이런 일이 일어날 때마다 무시당하는 기분이 드는 경우입니다.

'나만 빼고 밥을 먹으러 간 건가? 서류 정리는 원래 내 일이 아닌데, 해 주니까 누구를 바보로 보는 건지…. 지난번에는 나 빼고 그룹 채팅을 하더니 도대체 내가 뭘 잘못해서 이러는 걸까?'

걷잡을 수 없이 퍼지는 이 감정은 늘 다른 사람에게서부터 비롯됐지만 그 끝에는 항상 가련한 내가 있습니다. '인정을 못 받는 내가 불쌍하고 한심해서', '부모 잘못 만나 고생하는 내가 안타까워서', '꼬이기만 한 내 인생에 화가 나서' 말입니다. 라켓 감정은 여기서 시작됩니다. 스트레스 상황 때마다 반복되는 만성적인 감정이죠. 그리고 이 감정은 항상 인생 각본을 따라서 어린아이의 감정으로 문제를 해결하려는 것입니다.

몸의 반응 감지하기

미국의 심리학자이자 인간의 감정 및 얼굴 표정을 전문적으로 연구한 폴 에크만(Paul Ekman)은 이렇게 말했습니다.

"보통 사람들은 하루 평균 200번, 약 8분에 1번꼴로 거짓말을 하지만 몸은 거짓말을 하지 않는다."

라켓 감정 역시 찰나에 무의식적으로 일어나지만 늘 관찰 가능한 행동, 신체적인 불편함, 상상을 동반합니다. 관찰 가능한 행동으로는 정서, 말투, 어조, 몸의 움직임, 제스처가 평소와 달라지는 것입니다. 스트레스를 받으면 필요 이상으로 눈을 깜빡거리거나 손으로 자꾸 눈을 비비는 사람이 있습니다. 갑자기 목소리가 안 나와서 쉬는 경우도 있고 반대로 목소리가 점점 커지는 경우, 혹은 말투가 차가워지고 필요 이상으로 손짓을 하거나 발을 까딱거리는 사람도 있습니다.

신체적인 불편함으로는 머리가 지끈거린다든지, 턱관절이 뻣뻣해져서 발음을 제대로 할 수 없다든지, 갑자기 긴장이 돼서 몸이 경직되거나 잠이 몰려오는 등을 경험합니다. 이는 겉으로 봐서는 알 수 없고 자신만 알아차릴 수 있는 경우가 많습니다. 더불어 라켓 감정은 상상을 동반합니다.

'죽으면 이 상황이 끝날까?'
'내가 죽으면 부모님이 슬퍼하겠지?'
'내가 미쳐 버리면 속이 시원할까?'
'나중에는 대가를 치르게 되겠지?'
'나를 이해해 주는 사람을 만났더라면….'

당신은 몸의 어느 곳이 반응하나요? 일시적이지만 반드시 증상으로 나타나기 때문에 반복적으로 내가 어떤 행동을 취하는지, 신체적으로 어떤 불편을 겪는지, 또는 어떤 상상을 하는지 짚어 볼 필요가 있습니다.

 **나를 들여다보는 시간**

☐ 두통이 찾아오거나 감기 기운처럼 으슬으슬할 때, 목이 뻣뻣해지거나 목소리가 안 나올 때. 그냥 지나치지 마세요. 몸은 내 상태를 제일 먼저 알려 주는 구조 신호니까요.

진정한 감정을 되찾는 6가지 방법 ②

핵심 라켓 감정 발견하기

앞의 3가지 방법을 조금씩 따라가다 보면 핵심 라켓 감정을 발견할 수 있습니다. 핵심 라켓 감정은 어린 시절의 회상, 즉 정서적인 기억에 가깝습니다. 이는 지금 일어난 표면적인 사건들에서 더 먼 과거로 돌아가 기억을 되짚어 보는 작업입니다.

사람들은 사건을 하나둘씩 떠올리며 자신의 각본 신념을 지지하고 강화해 줄 기억을 끌어모읍니다. 따라서 기억을 거슬러 오르다 보면 결국 핵심 라켓 감정에 도달하게 됩니다.

| 나를 몰랐기 때문이다 |

진정한 감정으로 채우기

라켓 감정을 원래의 감정인 화, 두려움, 슬픔, 기쁨으로 채워야 합니다. 반복적으로 나를 힘들게 했던 핵심 라켓 감정 이전의 진정한 감정은 무엇인지 생각해 봅시다.

심각하게 이직을 고민하는 직원이 있었습니다. 이제는 회사에서 컴퓨터만 봐도 짜증이 나고, 상사가 업무를 지시하면 자신을 무시하는 기분이 들어 미칠 지경이라고 합니다. 왜 이런 감정이 들까 추적해 보니 '나에게 일은 다 시키고 별로 하는 일도 없으면서 감 놔라 배 놔라 한다'는 생각 때문이었습니다.

'내가 계약직이라고 무시하나 → 넌 부모 잘 만나서 좋겠다 → 나는 학자금이 없어서 일하느라 공부를 못했다 → 부모님이 학업적인 지원만 해 줬어도 이렇게 살지는 않았을 텐데 → 가진 것 없는 나는 세상 살기가 힘들다 → 수치스럽고 열등감이 느껴진다'

짜증 나고 무시당하는 기분의 핵심 라켓 감정은 '수치심'과 '열등감'입니다. 그렇다면 라켓 감정이 생기기 전의 진정한 감정은 무엇일까요? 부모로부터 보살핌 받지 못한 '슬픔'입니다. 그런데 이것이 어른이 된 지금까지 해결되지 않아 비슷한 상황이 오면 화, 짜증, 무시당하는 듯한 기분으로 표출되는 것입니다. 머리가 지끈거리고 얼굴이 붉어지면서 승모근에 힘이 들어가는 신체적 외상과 함께 말이죠.

만약 어린 시절의 화, 슬픔, 두려움, 기쁨을 되찾았다면 과거의 그때에 잠시 머물러 어린아이였던 나를 충분히 다독여 주세요. 어른인 내가 아이였던 나를 달래는 것처럼 말입니다.

"그때는 그럴 수밖에 없었단다. 그 어려운 시절을 훌륭하게 극복하고 지금까지 잘 살아 냈구나. 기특한 녀석."

반복되는 라켓 감정의 고리 끊기

러버 밴드가 발동했을 때 그때로 다시 돌아가지 않기 위해서는 끊임없이 이 과정을 반복해야 합니다. 하지만 절대 쉬운 일은 아닙니다. 감정은 눈에 보이지 않고, 한두 번의 노력으로 쉽게 바뀌지 않기 때문입니다.

상황이 심각하면 감정의 수렁에 빠지지 않기 위해 아무리 힘을 줘도 달라지지 않아 내 모든 노력이 헛되이 느껴질 수도 있습니다. 첫 연습부터 막힐 수도 있습니다. 하지만 우리가 진정한 감정을 알아차려야 하는 이유는 단 하나, '내가 아프지 않기 위해서'입니다. 어떤 이유로든

나를 몰랐기 때문이다

감정이 휘몰아쳤다면 예리하게 알아차리고 이 감정이 무엇인지부터 생각해 봅니다. 진정한 감정을 들여다볼 용기, 되찾을 권리를 위해서 말입니다.

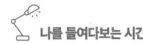
나를 들여다보는 시간

☐ "어떤 경험을 시작할 때 행복한 사람은 행복한 일을 더 잘 기억하고, 화난 사람은 화를 돋우는 일을 더 잘 기억한다."

- 고든 H. 바우어

나는 관계에서 어떤 역할을 반복하는가?

_심리 게임

▶ 내 잘못도 아닌데 미안하다: 희생자

▶ 잘해 줘도 욕을 먹는다: 박해자

▶ 전부 내 도움이 필요해 보인다: 구원자

7장에서는 겉으로는 그럴싸해 보이지만 이면의 메시지를 주고받는 '심리 게임'을 알아봅니다. 나쁜 인간관계의 대표적인 3가지 역할인 '희생자', '박해자', '구원자'의 특징을 살피고 과연 나를 비롯한 주변 사람들은 주로 어떤 역할을 맡고 있는지 생각해 봅니다.

도대체 나한테
왜 그러세요?

'그 사람'은 나를 왜 못살게 굴까?

'그 사람만 아니면 진짜 신나게 일할 수 있을 것 같은데.'

회사에 갈 생각만 하면 한숨부터 나옵니다. 우리는 늘 '그 사람' 때문에 마음이 무겁습니다. 그 사람으로 말할 것 같으면 항상 아슬아슬한 선에서 나를 아주 거슬리게 공격하는 사람입니다. 그럴 때마다 내 얼굴은 웃고 있지만 속은 점점 무너져 내리죠. 하지만 나는 웃어넘겨야 합니다. 적어도 그 자리에서는 티를 낼 수 없기 때문입니다.

'이직을 해 볼까?'

'어디를 가든 여기보다는 낫겠지.'

'그 인간 때문에 더는 못 버티겠어.'

'그 사람은 진심 내 인생에서 최악이야.'

　혼히 이런 고민을 나눌 때면 빠지지 않고 돌아오는 대답이 있습니다. 바로 '또라이 질량 보존의 법칙'입니다. 이는 '또라이는 어디를 가나 늘 존재하기 마련이니 이곳에서 피하려다가 다른 곳에서 더 많이 만나지 말고 좀 더 버텨 보는 게 어때?'라는 뜻입니다.

　고통 속에서 더 버티는 것이 무의미하다 싶어 거처를 옮겨 볼까 싶다가도 이런 말을 들으면 영 설득력 없는 소리는 아닌 것 같아 멈칫하는 것도 사실입니다. 정말 괜히 잘못 움직였다가 더 심한 또라이를 만나면 진퇴양난에 빠질 것 같기 때문입니다. 우리가 어디 일이 어려워 그만두나요? 대개 사람이 힘들어 그만두죠.

　이렇듯 인간을 널리 다스려 내 마음처럼 관계를 맺기란 여간 쉽지 않은 일입니다. 더욱이 심리 게임에라도 휘말리면 그때는 무척이나 골치 아픈 상황이 벌어집니다.

나쁜 인간관계의 대표 주자: 희생자, 박해자, 구원자

심리 게임이란 에릭 번의 저서 《심리게임(Games People Play)》에서 소개된 개념으로, 약점을 가진 사람들끼리 주고받는 교류이자 겉으로 보기에는 그럴싸해 보이지만 숨겨진 동기를 가진 교류를 말합니다. 그야말로 겉과 속이 다른 인간관계를 보여 주는 심리학입니다.

스티븐 카프만(Steven Karpman)은 심리 게임의 대표적인 이론인 '드라마 삼각형(drama triangle)'을 제시했습니다. 드라마 삼각형은 누구든 심리 게임을 시작하면 '희생자', '박해자', '구원자'라는 3가지 각본 역할 중 하나를 맡게 된다는 것인데요. 희생자는 인간관계에서 양보하고 희생하는 역할을, 박해자는 힘의 우위에 서서 상대방을 억압하거나 지시하는 역할을, 구원자는 박해자와 희생자를 화해시키거나 중재하는 역할을 합니다.

○ 내가 잘못한 것도 아닌데 자꾸만 미안하다고 말하게 되는 경우
○ 잘해 줘도 욕을 먹는 경우
○ 언제 어디서나 내 도움이 필요한 사람들로 가득한 경우

혹시 이런 상황이 자주 발생하지는 않나요? 그렇다면 당신은 지금 '심리 게임'을 하고 있는지도 모릅니다. 세상에 일부러 두드려 맞기를

원하는 사람이 있을까요? 유독 싸우기를 즐겨하는 사람이, 또는 싸움
판에 심판으로 등장하기를 좋아하는 사람이 있을까요? 아마 아무도
없을 것입니다. 하지만 이 심리 게임에 들어서면 흥미롭게도 한번 맡
은 역할에서 벗어나지 못하고 계속 휘말리는 것을 막을 수 없습니다.

 나를 들여다보는 시간

☐ 당신은 관계의 무대에서 주로 어떤 역할을 맡나요? 희생자인가요? 박해자인가요? 구
원자인가요?

"내 잘못도 아닌데 미안하다" 희생자

#. 내 잘못도 아닌데 자꾸만 미안해지는 나

회사 체육 대회를 저희 팀에서 준비하기로 했습니다. 팀장님은 저에게 '같이 잘 만들어 봅시다!'라고 했지만 정작 본인은 아무것도 안하고 모든 준비를 제게 떠넘겼죠. 백번 양보해서 이것도 좋은 경험이다 생각하며 준비를 진행했습니다. 모든 준비를 마치고 타 팀에서 공수할 시상품이 있는지만 알아보면 되는데, 팀장님이 '타 팀에서 공수할 상품이 제일 중요한데 그걸 뒤로 빼면 어떡해?'라며 화를 내는 게 아니겠어요? 일머리가 없다는 둥, 근성이 없다는 둥 듣다 보니 별의별 이유를 들먹이면서 말이죠. 이렇게까지 화를 낼 일인지, 웃고 있던 제 입꼬리는 점점 굳어졌고 눈물까지 날 뻔했지만 겨우 참았습니다. 머리는 멍하고 내가 왜 이런 소리를 듣고 있는 걸까 싶었습니다. 그런데 계속 듣고 있자니 선임의 입장도 이해가 됩니다.

'내가 오죽 일머리가 없었으면 저렇게까지 말할까. 사실 제일 중요한 일을 뒤로 미루기는 했지, 뭐.'

저는 거듭 머리를 조아린 후에야 겨우 그 자리에서 벗어날 수 있었습니다. 그리고는 그날 저녁, 체육 대회 준비로 간단히 저녁을 먹고 회사로 들어오는 길에 초콜릿과 작은 편지지를 사서 선임에게 편지를 썼습니다. 다음부터는 이런 일이 없도록 하겠고, 덕분에 많은 것을 배워 감사드린다고요. 앞으로 더 잘해야겠다는 마음으로 다시 자리에 앉았습니다.

체육 대회가 끝나고 다시 일상으로 돌아왔지만 그다음 프로젝트 때도, 그다음에도 자꾸만 팀장님에게 죄송한 일이 반복됐습니다. 따지고 보면 제가 잘못한 일도 아닙니다. 타 팀에서 서류가 늦게 들어오는 일도, 옆 팀에 새로 들어온 후배의 새침한 인사에도 왜 자꾸 제가 미안해지는 건지 모르겠습니다.

희생자: 당신은 옳고 나는 틀렸다

체육 대회를 준비하는 상황에서 팀장은 함께 준비해 보자는 말이 무색해질 만큼 준비 과정에 신경을 쓰지 않았습니다. 그러다 사연자가 잘못한 일만 콕 집어 마치 큰일이라도 난 것처럼 타박을 하죠. 이런 상황에 우리는 어떤 행동을 취할 수 있을까요?

1. 다른 팀에 가서 시상식 때 쓸 상품을 요청하겠다고 대안을 제시한다.
2. 혼자서 다 준비하기가 벅차니 역할을 분담하자고 요청한다.
3. 기회를 봐서 선임의 화가 가라앉을 때쯤 본인의 힘든 점을 토로한다.
4. 내 과오를 깨닫고 미안하다 사과하며 잘못을 뉘우친다.

이 사연의 주인공은 4번, '내 과오를 깨닫고 크게 뉘우치는 것'을 선택합니다. 본인이 잘못한 일이 아닌데 계속해서 미안해하고, 오히려 상대방의 입장에서 자신을 바라봅니다. 희생자는 주로 본인을 질타하거나 비난하는 상황에서도 '당신은 옳고 나는 틀렸다'의 태도를 취합니다. 주로 박해자에게 당하는 역할을 맡고 있는데, 유독 박해자의 말을 잘 따르고 그 어떤 핍박 속에서도 희망을 놓지 않습니다. 그런 희생자는 다른 사람들에게 불쌍함을 유발하기도 합니다.

더군다나 희생자는 비정상적일 만큼 부정적인 언행을 보이는 박해자의 입장을 대변하기까지 합니다.

'이번엔 그럴 만했어.'
'원래 그런 사람이 아닌데 내가 심했지.'
'불같이 화내기도 하지만 그것만 빼면 배울 점이 많은 사람이야.'
'그래도 평소에는 잘 챙겨 주니 나만 잘하면 문제없겠지.'

한번 희생자의 역할을 시작하면 쉽사리 그 무대에서 내려오지 못하고 지속적으로 박해자의 공격을 참아 냅니다. 그럴수록 당연히 박해자의 탄압은 더 심해지죠. 이때, 대단히 너그럽고 관대한 구원자가 나타나 희생자에게 묻습니다.

"그 사람이 너무한 거야. 그렇게까지 당하고도 옆에 있을 이유가 있니?"

대부분의 희생자들은 이렇게 대답합니다.

"나도 잘못한 점이 있으니까 그러는 거지. 그래도 배울 점은 많은 사람이야."

나를 들여다보는 시간

☐ 지나치게 미안해하거나 과하게 용서를 구하지 마세요. 딱 그만큼만, 관계에도 절제가 필요합니다.

"잘해 줘도 욕을 먹는다"
박해자

#. 잘되라고 도와줬더니 돌아오는 건 배신뿐인 나

저는 규모가 꽤 큰 여성 병원에서 14년째 근무 중입니다. 연차가 좀 오래되다 보니 간호실장으로 근무하고 있죠. 그런데 요즘 아이들은 왜 이렇게 근성이 없을까요? 근무 환경이 조금만 열악해도 금방 사직서를 내기 일쑤입니다. 제가 그 연차로 근무할 땐 하나라도 더 배우려고 선배들의 말을 전부 적고 외웠습니다. 하지만 요즘은 그런 아이들을 도통 찾아볼 수가 없습니다.

그래서 열정을 보이는 아이들을 보면 하나라도 더 챙겨 주고 싶은 마음이 듭니다. 그래서 저의 개인 시간을 쪼개 가며 스터디 그룹을 만들어 노하우를 알려 주기도 했습니다. 그런데 진심으로 베푼 호의에 호구 취급을 당한 적이 한두 번이 아닙니다. 잘한다고 인정하면 자기가 진짜 잘하는 줄 알고 금방 나태해져서 어이없는 실수를 하지를 않나, 돈 몇 푼에 직장을 옮긴다고 하지를 않나… 제가 사람 보는 눈이 없는 건지 마음을 준 사람마다 이 모양입니다. 애정을 담아 아낌없이 조언해 줬는데, 정작 돌아오는 말은 항상 이런 식입니다.

'실장님 때문에 힘들었어요.'

박해자: 나는 옳고 당신은 틀렸다

간호실장의 입장이라면 무척 답답하고 억울할 것입니다. 본인은 이미 오래전부터 시간과 노력을 들여 후배들을 위해 스터디도 운영하고 자신의 노하우를 아낌없이 전수했는데 돌아오는 것은 후배들의 어이없는 실수와 느닷없는 퇴직으로 인한 실망감뿐이니까요. 얼마나 회의감이 들었을까요? 그런데 눈여겨봐야 할 점은 항상 좋지 않은 결말에 상대방이 하는 말입니다.

"당신 때문에 힘들었어요."

박해자 역할을 하는 사람들은 늘 '네가 잘되길 바란다'는 명목으로 상대방의 우위에 서서 피드백을 합니다. 또한 비판 같은 비난, 조언 섞인 조롱을 하며 본인의 권능을 확인하고 타인에게 자신의 능력을 과시합니다. 이 사연에서는 후배들을 '아이들'이라고 지칭하는 데에서 그런 태도를 엿볼 수 있습니다. 박해자가 보기에 후배들은 자신이 보호하고 가르쳐 줘야 할 존재, 때로는 혼내고 훈육해야 말을 듣는 아이들로 보일 테니까요.

그들은 누군가를 도와주는 것도 지칠 만큼 자신이 최선을 다했다고 생각합니다. '나는 이만큼이나 노력하는데 정작 다른 사람들은 그렇게 하지 않는다'며 불만을 토로하기도 합니다. 이게 바로 박해자의 '나는 옳고 당신은 틀렸다' 인생 태도입니다. 정작 본인은 박해자가 아니라 희생자인데 사람들이 자꾸 자신을 나쁜 사람으로 몰아간다고도 생각합니다. 그러니 이 슬픈 연극의 결말은 늘 배신감으로 끝나기 마련이죠. 이쯤에서 너그러운 구원자가 박해자에게 슬며시 다가와 이렇게 말합니다.

"그 사람(희생자)을 안타까워하는 마음은 알겠는데 이제 그만해. 네가 불쌍해."

박해자는 자신의 딱한 처치를 알아주고 가장 듣고 싶은 말을 해 주는 구원자가 고맙기까지 합니다. 하지만 박해자는 이렇게 대답합니다.

"그래도 어쩌겠어. 필요하다면 내가 나쁜 역할을 해야지."

 나를 들여다보는 시간

□ 다른 사람이 한 수 낮아 보일 때가 있습니다. 그건 당신의 오해입니다.

"전부 내 도움이 필요해 보인다" 구원자

#. 도움이 필요하면 언제든지 달려가는 나

오랜만에 남자 친구와 데이트를 합니다. 평일에는 일이 바쁘고, 주말에도 저녁만 대충 먹고 헤어지는 일상을 반복하다가 이번에는 기필코 데이트다운 데이트를 하겠다고 굳게 마음먹었습니다. 멋진 데이트를 위해 영화도 예매하고, 맛있다고 소문난 음식점은 물론 분위기 좋은 카페도 미리 알아봤죠.

영화관에서 남자 친구를 기다리다가 친구들의 메신저 프로필 사진을 훑어봤습니다. 그런데 친구 A의 프로필 사진과 인사말이 뭔가 심상치 않습니다. 여러 개의 가면이 눈물을 흘리는 어두운 이미지에, '상처로 얼룩지다'라는 문구가 적혀 있었습니다. 저는 A에게 분명 무슨 일이 생겼다는 걸 직감하고는 당장 메시지를 보냈습니다.

A야, 내가 항상 응원하는 거 알지? ^^
뭐야, 갑자기?
아니, 그냥. 난 네 편이잖아.
ㅋㅋ 응원 고마워… 사실 요즘 내가 마음이 무너져 내린다. 너 지금 통화 돼?

남자 친구와 영화를 보고 나오자 친구 A뿐만 아니라 B에게도 문자와 부재중 전화가 여러 통 와 있었습니다. 서로 억울하고 답답하다며 자기 말을 들어 달라고 말이죠.

'그럼, 그렇지. 내가 들어 줘야지 어쩌겠어?'

그렇게 친구와 통화를 하는데 옆에서 듣고 있던 남자 친구가 슬슬 눈치를 주기 시작했습니다. 하지만 힘든 친구에게 '지금 데이트하느라 바쁘니 다음에 통화하자'고 말할 수 없잖아요? 이 친구들도 얼마나 답답했으면 저한테 전화를 했을까요. 하지만 남자 친구의 마음은 상하고 말았습니다.

207

한 명은 불같은 성격이라 그때그때 풀어야 직성이 풀리는 스타일이고, 다른 한 명은 생각을 표현하기까지 시간이 걸리는 스타일입니다. 그래서 둘이 다투면 꼭 제가 중재자 역할을 해 왔습니다. 그래야 이 친구들과 저의 우정이 깨지지 않을 테니까요. 친구들은 왜 싸울 때마다 나한테 연락할까 싶다가도, 결국은 고민을 들어 주길 잘했다는 생각이 듭니다.

'얘들아, 내가 도울 수 있는 일이라면 언제든 내게 말해. 나의 시간과 마음의 문은 너희들을 위해 열려 있단다.'

구원자: 나는 옳고 당신은 틀렸다

사연자는 남자 친구와 오랜만에 데이트다운 데이트를 하기 위해 영화도 예매하고 맛있는 식당과 분위기 좋은 카페도 검색했습니다. 어쩌면 그동안 못했던 서로의 진심을 이야기하거나 일상에서 바빴던 일, 힘들었던 순간을 나누며 재충전의 시간을 보낼 수도 있었겠죠.

그런데 사연자는 친구들의 다툼을 중재하느라 그런 시간을 보내지 못합니다. 친구를 돕겠다는 선한 의도는 알겠지만 사실 그 누구도 먼저 도움을 청한 적이 없습니다. 사연자는 '내가 항상 응원하는 거 알지?'라는 말로 상대방이 마음을 털어놓도록 부추겼습니다. 마치 '무슨 일 있는 것 다 아니까 어서 말해 봐. 내가 다 들어 줄게'라는 주술을 거는 것 같습니다.

남자 친구의 마음은 상했지만 주인공은 친구들의 고민을 들어 준 것을 잘한 일이라고 생각합니다. 이 상황을 드라마 삼각형으로 비춰 보면 사연자는 '구원자' 역할을 하고 있습니다.

구원자의 특징은 타인을 배려하는 마음이 커서 늘 관대하고 너그럽게 박해자와 피해자의 마음을 어루만진다는 것입니다. 마치 본인은 자애로운 보호자고, 그들은 투정 부리는 응석받이 아이처럼 생각하며 이렇게 말합니다.

"역시 내가 아니면 안 되지."

바로 '나는 옳고 당신은 틀렸다' 인생 태도입니다. 더욱이 이들은 상대방이 먼저 이야기를 꺼내거나 부탁하지 않아도 '그냥 네가 걱정돼서 하는 말이다', '그때 그 일은 어떻게 됐는지 궁금해서 물어볼 뿐이다'라며 넌지시 상대방의 약점을 꺼내 듭니다. 그리고는 별 도움이 되지 않는 해결책을 제시하며 상처받은 관계에 치료약을 덧바릅니다.

구원자에게는 그 약이 효과가 있든 없든 상관없습니다. 설령 효과가 없어도 자신에게 책임은 없습니다. 왜냐하면 구원자는 그저 선한 의도로 그들을 도와주려고 했을 뿐이니까요.

 나를 들여다보는 시간

☐ 마음을 다해 도와줬는데 상대방은 고마움을 몰라주는 것 같아 속상한가요? 혹시 '선량한 마음'이라는 가면 속에, 자신을 상대보다 우위에 두려는 의도가 숨어 있는 건 아닌지 살펴보세요. 그런 마음, 상대방은 다 알아요.

인간은 음식보다
따뜻한 품이 더 중요하다

인간의 삶에 엄청난 영향을 미치는 '접촉'

영국의 정신 의학자이자 정신 분석가인 존 보울비(John Bowlby)는 런던의 중산층 가정에서 여섯 자녀 중 넷째로 태어났습니다. 그는 어린 시절에 하루 한 시간 정도밖에 어머니를 볼 수 없었고 그 외의 시간은 유모의 손에서 자랐습니다.

당시 중산층 가정 사이에서는 부모가 자식에게 너무 많은 사랑을 쏟고 관심을 보이면 버릇없이 자란다는 생각이 팽배했기 때문인데요. 그는 7살이 되던 해에 기숙사로 보내집니다. 존 보울비는 유모와 보낸 시간이 더 많아서였는지 유모와의 관계가 매우 애틋했고, 유모와 헤어질 때는 마치 어머니가 세상을 떠난 듯이 크나큰 상실감을 느꼈다고 합니다.

그래서였을까요? 그는 유아기의 애착 형성이 아이의 삶 전반에 중대한 영향을 미친다는 '애착 이론'을 주창했습니다. 그리고 한평생 아동 발달 심리학을 연구합니다.

보울비는 제2차 세계 대전이 끝난 후 세계 보건 기구(WHO)로부터 '어머니의 보살핌이 아이들의 정신 건강에 어떤 영향을 미치는가?'라는 연구 주제를 의뢰받습니다. 고아원이나 탁아 시설에서 자란 아이들과, 4세 이전에 결핵 요양소에서 치료를 받은 아이들을 대상으로 연구하면서 그는 다음과 같은 결과를 얻습니다.

○ 헤어짐이나 죽음, 또는 별거, 이혼 등 어떤 이유로든 초기 모성이 결여됐을 경우 아이들은 평생 동안 정서적, 사회적, 지적으로 문제가 발생한다.
○ 주 양육자는 유아의 애착 대상자다. 즉 유아의 안전 기지로 이용된다.

새끼 짧은 꼬리 원숭이의 선택

이후 여러 심리학자로부터 후속 실험들이 이뤄집니다. 이를테면 해리 할로(Harry Harlow)의 헝겊 대리모 연구와 사랑 및 관계에 대한 〈사랑의 본질(1958)〉은 우리에게 '새끼 짧은 꼬리 원숭이 실험'으로 잘 알려진 연구입니다. 이전의 심리학자들은 애착에 대해 이렇게 주장해 왔습니다.

"타산적 애정, 즉 먹을 것을 제공해 주기 때문에 공급의 보상 차원에서 자신을 돌봐 주는 사람에게 애착을 갖는다."

이를 주장한 대표적인 심리학자가 바로 지그문트 프로이트(Sigmund Freud)입니다. 하지만 그 주장을 이론적으로 반박한 사람이 존 보울비, 실험으로서 반박한 사람은 해리 할로입니다. 인간이 양육자에게 애착을 갖는 이유는 음식보다 더 중요한 뭔가가 존재하기 때문임을 보여 준 것입니다.

해리 할로의 실험을 요약하자면 이렇습니다. 새끼 원숭이를 어미와 분리한 후 한쪽에는 차가운 철사로 만든 원숭이에 젖병을 달아 놓고, 다른 한쪽에는 부드러운 헝겊으로 만들었지만 젖병이 없는 원숭이 인형을 넣은 후 새끼 원숭이의 행동을 관찰합니다.

실험 결과는 부드러운 헝겊 원숭이 인형의 승리였습니다. 특히 위협적인 물체가 다가갔을 때 새끼 원숭이는 압도적으로 헝겊 원숭이 인형에게 다가가 안겼습니다. 새끼 원숭이에게는 부드러운 헝겊 원숭이가 안전 기지이자 베이스캠프가 된 것입니다.

나를 들여다보는 시간

☐ "애착 행동은 인간을 요람에서 무덤까지 결정짓는다고 알려져 있다."

- 존 보울비

늘 꼬이는 인간관계는
어디서부터 잘못된 걸까?

부정적 스트로크를 추구하는 사람들

결국 인간이 살아가는 데 중요한 것은 단순히 먹이가 아니라 양육자의 부드러운 접촉, 즉 '어루만짐'이라는 것을 알 수 있습니다. 그런데 만약 '우리가 원하는 어루만짐'을 원하는 때에 원하는 방식으로 받지 못한다면 어떤 일이 벌어질까요? 에릭 번은 어루만짐을 인정 자극의 단위인 '스트로크(stroke)'로 명명하고 보다 심층적인 연구를 진행했습니다. 사람은 누구나 자기 존재를 인정받고 싶어 하는 욕구가 있고, 이 욕구는 성인이 돼서도 지속적으로 나타나는데 만약 이것이 채워지지 않을 경우 '인정 기아(recognition hunger)'에 빠진다고 말합니다.

그렇기 때문에 사람들은 인정에 목마르면 의식적으로든 무의식적으로든, 어떤 경로를 통해서라도 허기를 채우려고 합니다. '악플이 무플보다 낫다'는 말이 있습니다. 사이버 상에서 자신이 올린 글에 아무도 관심을 주지 않고 아무런 댓글도 달리지 않는 것보다 차라리 비방이나 험담을 하는 악성 댓글이 달리더라도 누군가의 관심을 받는 게 낫다는 뜻입니다.

실제 부부의 생활을 영상에 담아 패널들이 의견을 나누는 방송 프로그램이 있습니다. 방송에서 부부가 싸우는 장면이 나왔습니다. 아내가 일이 바빠 태어난 지 얼마 안 된 아이를 전적으로 남편이 돌보게 됐습니다. 남편은 하루 종일 아이를 보느라 지쳐 아내가 집에 돌아와도 반겨 줄 힘이 없었습니다. 아내는 일을 하고 돌아왔는데 수고했다는 말 한마디 없는 남편이 못마땅합니다.

"힘들게 일하고 왔는데 왜 본 척도 안 해?"
"나는 뭐 집에서 논 줄 알아?"

그리고 아무 말도 하지 않는 남편에게 아내는 무슨 일이 있는지 물어보며 같이 풀어 가자고 하지만 돌아오는 말은 '별일 없다', '별것 아니다'라는 말뿐입니다. 그리고 아내는 이런 인터뷰를 합니다.

"차라리 화라도 냈으면 좋겠어요. 말을 걸어도 대답 없이 저렇게 있으니까 답답하고 도대체 무슨 생각을 하는지 모르겠어요."

이렇듯 긍정적인 스트로크를 받을 수 없다면 부정적 스트로크라도 받고 싶어 합니다. 아내 입장에서는 아무런 관심도 받지 못하는 것보다, 차라리 부정적인 관심이라도 받는 편이 답답하지 않을 테니까요.

우리가 심리 게임을 할 수밖에 없는 이유

파니타 잉글리시는 심리 게임의 원인을 이렇게 말합니다.

"심리 게임은 사람들이 아동기 초기에 익숙해진 방식으로 자기를 어루만져 줄 사람을 현실에서 찾을 수 없을 때 발생한다."

즉 자기를 어루만져 줄 사람을 현실에서 찾기 힘들 때 심리 게임이라는 방법으로 자기에게 익숙한 무대를 만들고, 그 역할에 맞는 배우를 찾아 자신이 선택한 각본과 똑같은 결과를 만드는 것입니다.

한 편의 영화를 만들기 위해 많은 시간이 필요하듯 심리 게임을 하는 사람도 삶 전반에 걸쳐 심리 게임을 위한 시간을 씁니다. 이것을 '시간 구조화(time structure)'라고 합니다. 그래야 각본의 스토리가 더 탄탄해지고 자신이 쓴 결말대로 끝을 맺을 테니까요.

우리 삶에 공존하는 희생자, 박해자, 구원자도 마찬가지입니다. 그들이 아동기 초기에 어떤 방식으로 스트로크를 받았고 어떤 생존 전략을 선택하며 살아왔는지는 저마다 다릅니다. 하지만 분명한 것은, 희생자라면 억울하고 답답한 일이 있을 때 그것을 참고, 사과하고, 눈물 흘릴 때 세상으로부터 스트로크를 받았을 것입니다.

박해자는 큰소리를 쳐서라도 타인을 굴복시키며 자신의 힘을 과시했을 때, 구원자는 갈등을 중재하고 인물들을 화해시키며 평화를 되찾음으로써 자신의 능력을 인정받았을 것입니다. 그리고 이들은 본인의 존재를 끊임없이 확인하고 증명하기 위해 이런 역할을 반복했을 것이고 앞으로도 그럴 것입니다.

나를 들여다보는 시간

□ "애착 행동은 애착 대상에게 접근할 수 없는 상황에서 강하게 드러난다."

- 메리 에인스 워드

나를 괴롭히는 사람으로
가득한 당신에게

8장에서는 나쁜 관계인지 아닌지 알 수 있는 '심리 게임의 공식'을 소개합니다. 내가 심리 게임 유발자라면 멈출 수 있는 방법을, 상대방이 심리 게임 유발자라면 그들이 주로 사용하는 심리 게임은 무엇이며 어떻게 대처해야 하는지를 알아봅니다.

나쁜 관계를 단번에 알아내는 심리 게임의 공식

이것이 심리 게임인지 아닌지 어떻게 아는가?

우리는 타인이 초대한 심리 게임에 걸려드는 순간 의도치 않은 방향에 휘말립니다. 갑자기 희생자가 돼서 박해자에게 받은 상처를 구원자에게 알릴 수도 있고, 박해자가 돼서 타인을 혼낼 수도 있으며, 구원자가 돼서 싸움을 진정시키느라 바쁠 수도 있습니다. 그렇다면 심리 게임이 일어나기 전에 알아차릴 방법은 없을까요? 다행히도 심리 게임은 다음과 같은 대표적인 특징을 띠고 있습니다.

① 죄의식을 조장한다

심리 게임은 상대방의 죄의식을 조장합니다. '너 때문에 일이 이렇게 됐잖아', '너만 아니었으면 내가 이렇게까지 할 이유도 없었어', '네가 잘 못하니까 나라도 해야지' 등 상대방의 잘못을 꼬집고 상황을 자신에게 유리한 방향으로 이끕니다. 진짜 잘못인지 아닌지 구분하는 것은 큰 의미가 없습니다. 나는 상대방에게 이미 나쁜 사람이니까요.

② 기분 나쁜 결말로 끝난다

늘 핍박만 하던 박해자가 '너만 당했니? 나도 너에게 당했어'라며 희생자로 역할을 바꿔 슬픈 연극의 주인공이 되기도 하고, 항상 참고 살 줄만 알았던 희생자가 갑자기 박해자로 돌변해 잔인한 복수극을 벌이기도 합니다.

또한 평화를 부르짖으며 박해자와 희생자 사이를 오갔던 구원자는 한순간에 변절자로 낙인이 찍혀 죄인으로 내몰리는 역사극을 찍기도 하죠. 이렇듯 심리 게임의 결말은 어떤 식으로든 늘 끝맺음이 좋지 않습니다. 서로에게 상처만 남긴 채 말입니다.

③ 익숙한 패턴을 반복한다

심리 게이머들은 자신이 쓴 익숙한 패턴대로 타인에게 부정적인 스트로크를 추구합니다. 상대방이 누구든, 상황과 장소가 어떻든 상관

없습니다. '왜 내 주위에는 이런 사람들만 있는 거야', '왜 나한테만 이런 일이 생기는 거야', '역시 이번에도 이렇게 끝나네'라는 말을 되풀이합니다. 아마 생을 마감할 때까지 이 패턴을 반복할 것입니다.

심리 게임의 공식

모든 심리 게임은 다음과 같은 6가지 단계를 거칩니다. 이것을 '게임의 공식(Formula G)'이라고 부릅니다.

> 도발자(con) + 약점을 가진 상대(gimmick) = 반응(response)
> → 전환(switch) → 혼란(crossup) → 부정적 결말(payoff)

우선 덫을 설치해 놓은 '도발자'와 덫에 쉽게 빠져드는 '약점을 가진 상대'가 등장합니다. 이들의 대화를 보면 겉으로는 부드러운 메시지를 주고받는 것 같지만, 이것은 표면적일 뿐 다른 속내가 오가고 있습니다. 그리고 그 메시지들로 인해 각자의 역할에 충실한 반응이 일어납니다. 이것들이 모여 어느 한순간에 극적인 반전인 전환(switch)이 일어나며 결국 혼란(crossup) 속에서 부정적인 결말(payoff)을 맺게 되죠.

여기 엄마와 아들의 대화가 있습니다. 겉으로는 아무 문제가 없어 보이지만 그 안에는 다른 뜻이 숨어 있습니다.

"너 숙제했니?"

→ 여태껏 놀았는데 숙제를 했을 리가 없지.

"아니요."

→ 안 한 거 다 알면서 물어보기는.

"그럼 지금이라도 숙제를 할래?"

→ 안 하기만 해. 오늘은 가만히 안 있을 거야!

"조금만 더 놀다가요."

→ 지금 게임하고 있는 거 알면서 시키기는.

"그냥 지금 해라."

→ 역시 게임 안 끌 줄 알았어.

"…."

→ 아, 제발.

"또 대답 안 하지. 넌 어떻게 된 애가 엄마가 말하면 대답을 안 하더라. 학생이 맨날 게임만 하고 그게 뭐야. 숙제도 항상 밤이 다 돼서 시작하니? 그게 제대로 될 리가 없지."

→ 잘 걸렸다. 나한테 한번 혼 좀 나 보자.

실제로 아들이 숙제를 했는지 안 했는지는 별로 중요하지 않습니다. 전부터 엄마는 늘 숙제는 뒷전이고 놀기만 하는 아들에게 한 번은 꾸중해야겠다고 마음먹었을 테니까요.

여기서 도발자는 엄마고 약점을 가진 상대는 아들입니다. 주고받는 대화에서 박해자와 피해자의 역할에 충실한 반응들이 나오고, 곧이어 쏟아지는 비난으로 순식간에 혼란스럽고 부정적인 결말로 심리 게임이 마무리됩니다.

 나를 들여다보는 시간

☐ 인간관계에서 문제가 생겼을 때, 내가 옳다고 주장하기 위해서 상대방이 나쁘다고 주장하고 있지는 않나요? 시시비비는 중요하지 않습니다. 단지 '더 나은 길로 가는 방안'만이 필요할 뿐입니다.

일상 곳곳에 숨어 있는
심리 게임의 공식

#. 우리 사이가 괜찮은 줄 알았는데

직장 동료인 K와는 사회에서 만난 친구답지 않게 무척 마음이 잘 맞습니다. 업무가 끝나면 같이 맥주를 마시거나 영화도 보면서 이제는 주말에도 함께 노는 사이로 발전했습니다. 물론 저보다 나이가 두 살 어렸지만, 윗사람을 잘 챙기고 사무실 분위기도 좋게 만드니 오히려 배울 점이 많은 친구였습니다. 청소하는 아주머니, 단골 커피숍의 종업원에게까지 싹싹한 모습이었으니까요. 그런데 K는 가끔씩 저에게 이런 말을 합니다.

"제가 이렇게 해도 사람들은 잘 몰라요. 나만 늘 당하는 것 같아. 언니 없었으면 저는 회사 생활 못했을 거예요."

K는 상사에게 혼나거나 일이 힘들 땐 눈물까지 글썽이며 '왜 이렇게 사람들이 나를 힘들게 하는지 모르겠다'며 스트레스를 받는 예민한 모습을 자주 보였습니다. 저는 그때마다 K에게 '괜찮아, 너 충분히 잘하고 있어'라며 진심 어린 위로를 했습니다. 그러던 어느 날, 다른 팀에 있는 선배가 저에게 이런 말을 하는 겁니다.

"너 K 좀 그만 괴롭혀. 우리 과장이 며칠 전에 회사 앞 술집에서 너랑 K를 봤는데, K가 울고 있었대. 그래서 K한테 물어보니까 얼굴이 어둡게 변하더니 아무것도 아니라면서 그냥 가 버리더라. 둘이 사이 나빠진 거 아니지?"

기분이 별로 좋지 않았지만 그렇다고 딱히 할 말도 없어서 별일 없다고 하고는 돌아섰습니다. 며칠 뒤, 회식 자리에서 친한 사람들끼리 이야기를 나누는데 K가 한쪽 구석에서 팀장님께 눈물을 글썽이며 뭔가를 이야기하고 있었습니다. 저는 애써 모른 척했지만 왠지 모르게 찝찝한 기분이 들더군요. 조금 있다가 자리를 옮기는 중 팀장님이 제게 슬그머니 다가와 이렇게 말하는 것 아니겠어요?

"K한테 좀 잘해 줘. 걔 불쌍한 애더라. 나이는 네가 언니잖아?"

회식이 끝나고 돌아오는 길, 도대체 무슨 영문인지 알 수가 없었습니다. 아무리 생각해도 우리는 별일 없이 잘 지냈는데 K는 그게 아니었나 봅니다. 사람들이 왜 저에게 그런 말을 했는지 생각할수록 기분이 나빴습니다. 다음 날 커피를 마시며 K에게 회식 날 무슨 일이 있었냐고 물었지만 돌아온 대답은 '기억 안 난다', '별 이야기 안 했다'는 말뿐이었습니다. 그 후로도 평소와 다름없이 해맑게 나를 대하는 그 친구가 이제는 무섭기까지 합니다.

나도 모르는 사이에 심리 게임의 주인공이 된다

사연자는 도발자 K에게 걸려들었습니다. 둘은 사회에서 만났지만 주말에도 함께 시간을 보낼 정도로 친해졌습니다. 그런데 K는 간혹 '나만 늘 당한다'며 전형적인 희생자의 모습을 보입니다. 이에 주인공은 응원을 하고 K를 지지해 줍니다. 마치 희생자의 도발에 걸려든 구원자처럼 말이죠.

결국 사연자는 다른 팀에 있는 선배와 팀장의 오지랖 덕분에 전환에 전환을 거듭하며 혼란스러운 회식을 보냅니다. 이제는 K의 해맑은 모습이 무섭기까지 하다며 부정적인 결말을 맺죠. 내가 잘못한 것도 아닌데 죄인이 되는 상황, 기분이 나쁘면서도 익숙한 끝을 맺는 이런 교류는 심리 게임의 공식에 부합합니다. 나도 모르는 사이에 도발자의 심리 게임에 걸려든 것이죠.

나를 들여다보는 시간

☐ 경험 삼아, 모험 삼아, 실험 삼아 아무 데나 가서 마음 다치지 마세요.

심리 게이머들은
서로를 어떻게 알아보는가?

#. 내 친구는 왜 맨날 비슷한 사람과 만날까?

남자 친구와 허구한 날 싸우는 친구가 있습니다. 바로 남자 친구의 술버릇 때문입니다. 처음엔 같이 술을 마시고 진솔한 이야기를 나누는 것이 좋았다고 합니다. 하지만 만남이 길어질수록 그것이 도리어 화살이 돼 돌아왔습니다.

친구는 적당히 마시다가 술자리를 끝내고 싶은데 남자 친구는 한 번 술을 먹었다 하면 날이 셀 때까지 마시기를 반복한다고 합니다. 싸워도 보고 달래도 보고 헤어져도 봤지만 그때마다 말로만 다시는 안 그러겠다고 할 뿐 며칠만 지나면 언제 약속했냐는 듯이 또 술 때문에 싸우기를 반복했다고 합니다. 결국 친구는 남자 친구와 헤어졌고 이렇게 다짐했습니다.

"다시는 술 마시는 사람과 만나지 않을 거야. 그리고 걔가 생각나는 동그란 안경, 동그란 눈, 동그란 얼굴, 동그라미 근처에도 안 갈래."

한참이 지난 어느 날 친구가 새로 만나는 사람을 데려왔습니다. 그런데 웬걸, 그 남자의 얼굴에서 동그라미가 둥둥 떠다니는 게 아니겠어요. 게다가 그 사람 역시 브레이크가 뽑힌 채 술자리를 달리는 사람이었습니다. 친구가 제 어깨를 살며시 건들며 은은한 미소로 눈빛을 보냅니다.

"어때? 내 남친 재밌지?"

서로를 알아보는 무의식의 스웨터

다시는 그런 사람을 만나지 않겠다고 다짐하지만 다음에도, 그다음에도 비슷한 사람을 만납니다. 이처럼 심리 게이머들은 무의식적으로 서로를 기가 막히게 잘 알아봅니다. 에릭 번에 의하면 심리 게임을 하는 사람들은 각자 서로를 알아보는 '무의식의 스웨터(sweatshirts)'를 입고 있어서 자신이 만든 무대에 가장 알맞은 역할을 소화해 줄 사람을 초대한다고 합니다. 무대에 입장하는 상대는 늘 정해져 있기 때문에 이 게임을 누가 먼저 시작했고, 누구의 영향이 더 큰지 가려내는 일은 의미가 없습니다.

이런 심리 게임을 반복하지 않으려면 어떻게 해야 할까요? 우선 이 심리 게임을 유발하는 사람이 나인지, 상대방인지 알아야 합니다. 지금부터 심리 게임 유발자가 누구인지에 따라 심리 게임이 오기 전에 피하는 방법, 심리 게임이 이미 진행 중일 때의 대처법, 그 이후에는 어떻게 행동해야 하는지를 알아보겠습니다.

 **나를 들여다보는 시간**

☐ 나를 천국으로 데려가는 것도 나이고, 나를 지옥으로 데려가는 것도 다름 아닌 나입니다. 왜 자꾸 나를 지옥으로 끌고 들어가려 하나요? 행복하고 싶다면서.

혹시 이 게임을
내가 만든 건 아닐까?

나를 의심해 보라

어쩌면 내가 심리 게임의 유발자일 수도 있다는 생각은 차마 하고 싶지 않습니다. 나는 관계에서 항상 피해를 입은 사람이고 관계가 틀어진 건 모두 내 말을 무시하고 노력하지 않은 상대방 때문이라고 믿고 싶습니다. 하지만 심리 게임의 상처가 반복해서 나를 괴롭힌다면 나 역시 들여다볼 필요가 있습니다. 앞서 심리 게임을 하는 이유는 자신에게 익숙한 방식으로 어루만져 줄 사람을 현실에서 찾을 수 없을 때 발생한다고 이야기했습니다.

이것은 상대방에게 어떤 방식으로든 관심과 사랑을 쟁취하기 위한 게임이고, 내가 당신보다 우월하다는 것을 보여 주기 위한 게임입니다. 박해자는 소리치고 분노를 드러내면서, 희생자는 자신의 눈물을 무기 삼아서, 구원자는 자신이 모든 갈등을 중재할 수 있다는 능력을 과시하면서 말입니다. 그렇기 때문에 먼저 생각해 봐야 할 것은 '나를 의심하는 일'입니다. 혹시 내가 나에게 익숙한 방식과 패턴으로 상대방에게 스트로크를 얻기 위해 역할극을 자초한 것은 아닌지 말이죠.

잠시 멈추고 생각해 보기

만약 심리 게임이 이미 시작된 상황이라면 잠시 멈춰서 다음 3가지 질문을 생각해 봅니다. 첫째, 혹여나 예전의 경험을 지금, 여기에서 반복하고 있지는 않나요?

'너도 나에게 상처를 주겠지. 언젠간 나를 배신할 거야.'

이런 생각은 문제를 해결하는 데 전혀 도움이 되지 않습니다. 지금 내 앞의 사람은 단지 이 사람일 뿐 예전의 그 사람이 아니고, 이 사건도 단지 현재의 사건일 뿐 예전에 벌어졌던 그 사건이 아닙니다.

이럴 땐 육하원칙에 따라 생각하는 것이 좋습니다. 지난 감정을 배제하고 누가, 언제, 어디서, 무엇을, 왜, 어떻게 해서 이런 일이 발생했는지 현재에 집중해서 생각하는 것입니다. 혹시 내가 예전의 경험을 떠올리며 심리 게임을 부추기고 있는 건 아닌지 생각해 보세요. 현재 내가 제대로 보지 못한 부분은 무엇인지 점검할 필요가 있습니다.

둘째, 심리 게임으로 취할 수 있는 이득은 무엇인가요? 심리 게임이 항상 부정적 결말을 가져오지만 우리가 이를 반복하는 이유는 어쨌거나 이익이 있기 때문입니다. 그것은 각자가 원하는 방식의 인정이나 관심이 될 수도 있고 권위를 확인하는 수단일 수도 있습니다.

에릭 번은 심리 게임의 공식을 완성하면서 "전환이 없는 교류는 심리 게임이 아니다"라고 말했습니다. 즉 도발자와 약점을 가진 자가 자신들이 얻고자 하는 이익을 위해 첨예하게 대결하지만 승패를 좌우하는 결정적인 '전환'의 단계가 없으면 이것을 심리 게임이라고 보지 않는 것입니다.

부정적인 결말을 차단하기 위해서는 전환 단계가 오기 전에 원하는 결말에 미리 도달해야 합니다. 예를 들어, 내가 얻고자 하는 게임의 결말이 '결국 인생은 혼자야'라면, 미리 이것을 간파해서 혼자만의 시간을 충분히 가져야 합니다. 그렇게 하면 실제 관계에서 외로움을 얻기 위한 심리 게임을 줄일 수 있습니다. 다른 곳에서 이미 다른 방식으로 외로움을 느끼고 혼자만의 시간을 가졌기 때문이죠.

혹은 '세상은 나를 인정해 주지 않아'라며 인정을 갈망하지만 결코 인정받기를 거부하는 게임을 주로 하는 사람이라면 평소에 스스로를 충분히 인정함으로써 상대에게 거는 심리 게임을 줄일 수 있습니다.

또 '말해 보렴, 내가 도와줄게'라며 상대를 도와 자신을 추켜세우는 게임을 즐겨 한다면 심리 게임에 그 재능을 썩힐 것이 아니라 더 발전적인 일에 능력을 발휘해 봅시다. 이처럼 자신이 원하는 결말, 얻고자 하는 이익을 미리 알고 게임에 임한다면 더 큰 유혈 사태를 막을 수 있습니다.

셋째, 자신이 느끼는 감정 혹은 행동을 실제보다 과장하고 있지는 않나요? 사람은 나에게 유리한 방향으로 사건을 재구성하기 마련입니다. 심리 게임 역시 내가 원하는 결말을 위해 역할에 충실하다 보면 실제 사실을 왜곡하는 일이 벌어집니다. 내가 상대보다 얼마나 더 손해를 봤고 상처를 받았는지, 또는 내가 이 관계를 위해서 얼마나 애를 썼는지 알리기 위해서 말입니다. 때로는 예상보다 더 크게 분노할 수도 있고, 세상에서 제일 불쌍한 사람으로 보일 수 있으며, 충격에 애써 담담한 듯 너무 많이 참을 수도 있습니다.

상상이나 생각, 감정들이 보태져 눈덩이처럼 늘어나면 이 교류는 점점 진흙탕 싸움이 돼 갑니다. 결국 되로 주고 말로 받는 경우로 치닫게 되죠. 그렇기 때문에 나에게 유리한 쪽으로 과장하는 일을 지양하고, 있는 그대로의 사실만 보고 표현하는 연습이 필요합니다.

반복하고 싶지 않다면 이제 캐스팅은 그만

심리 게임의 소용돌이가 한바탕 지나고 소강상태가 찾아왔습니다. 게임을 벌인 상대 배우들이 제자리로 돌아갔지만 복잡미묘한 심정들로 아직 허기가 지는 느낌입니다. 해결이 됐건 안 됐건 간에 심리 게임의 막은 일단락됐음에도, 자꾸만 회상하고 곱씹고 싶은 것을 보니 아직까지 내 안에 심리 게임의 열기가 남아 있나 봅니다.

우리는 끊임없이 반복하려는 욕구가 있습니다. 프로이트는 이것을 '반복하려는 강박'이라고 말합니다. 우리가 경계해야 할 때는 지금부터입니다. 심리 게임에서 내가 맡았던 역할을 정당화하면 안 됩니다. 남아 있는 부정적 스트로크를 해소하기 위해 구원자를 불러서도, 다시금 희생양이 돼 줄 희생자를 찾아서도, 나를 모질게 버려 줄 박해자를 찾아서도 안 됩니다. 그렇게 되면 심리 게임극의 테이프가 또 다시 돌아갈 테니까요.

우리가 할 수 있는 것은 다시는 게임에 빠지지 않도록 철저하게 전략을 세우는 일입니다. 심리 게임에서 벗어나는 방법은 '이제는 달라졌음을 알아차리는 일'에서부터 시작하기 때문입니다.

나를 들여다보는 시간

☐ 애써 부풀리거나 감추려고 하지 마세요. 적어도 나는 나를 알잖아요.

심리 게임 안에
또 다른 심리 게임이 있다

심리 게임 안에서 벌어지는 '심리 게임' 간파하기

드라마 삼각형 구도를 취하는 심리 게임은 그 안에서 또 다른 심리 게임을 낳습니다. 본인의 역할을 보다 충실하게 수행하기 위해서입니다. 심리 게임이 시작되는 조짐이 보이면 그 안에서 벌어지는 심리 게임을 잘 들여다봐야 합니다. 그래야 부정적인 결말을 예방할 수 있을 테니까요. 희생자, 박해자, 구원자의 게임에서 볼 수 있는 전형적이고 대표적인 심리 게임을 소개하겠습니다.

희생자가 주로 하는 심리 게임

① '나를 위해 무엇이라도 좀 해 주세요' 게임

희생자가 세상을 바라보는 프레임은 '당신은 옳고 나는 틀렸다'입니다. 자신의 기준에서 나보다 잘나 보이는 사람이 나타나 늘 당하기만 했던 자신을 각성시키고 이끌어 주길 바랍니다. 그렇기 때문에 이들의 게임은 이런 식으로 나타납니다.

'나보다 똑똑한 당신이 나를 위해 무엇이라도 좀 해 주세요. 혼자서는 실수투성이랍니다. 난 당신 없이는 아무것도 아닌 존재니까요.'

정작 자신은 무엇을 원하고 어디로 가야 하는지를 전혀 모릅니다. 이들은 주로 보호 본능을 자극해서 상대를 조종합니다. 누군가가 이 게임으로 나를 조종하려고 한다면 한 번쯤 관계에 브레이크를 밟을 필요가 있습니다.

② '네, 하지만 그렇게 할 수는 없어요' 게임

희생자는 상대가 나를 위해 무엇이라도 해 주길 바라지만 정작 상대방이 제시하는 솔루션에는 '네, 하지만 그렇게 할 수는 없어요' 게임을 하는 것이 특징입니다. 왜냐하면 이 심리 게임의 궁극적인 목적은 '결국 너도 나를 해결해 줄 수 없구나'라는 결론을 획득하는 일이기 때문입니다. 새로운 상대를 찾아 또 다시 게임을 할 수 있는 명목을 위해서 말입니다.

만약 주변 누군가가 고민을 털어놓으면서 '물론 네 말이 맞아. 하지만 난 그렇게 할 수 없어' 또는 '좋은 생각이지만 그렇게는 못할 것 같아'라고 대답한다면 분명 '네, 하지만 그렇게 할 수는 없어요' 게임을 하고 있는 것입니다.

박해자가 주로 하는 심리 게임

① '흠 들추기' 게임

박해자가 가진 기본적인 인생 태도는 '나는 옳고 당신은 틀렸다'입니다. 그런데 사람이 어떻게 매번 옳을 수 있을까요? 그럼에도 '내가 옳다'고 주장할 방법이 있습니다. 바로 상대방이 '틀리면' 되는 것이죠. 박해자는 자신을 돋보이기 위해 농담 삼아 또는 정의를 이야기하듯 온갖 조언을 하며 상대방의 흠을 들추는 게임을 합니다.

② '다 너 때문이야' 게임

사람은 누구나 착한 사람이 되고 싶어 하는 경향이 있습니다. 누군가에게 욕을 실컷 해 주고 싶지만 정작 자신은 나쁜 사람이 되고 싶지 않습니다. 이럴 때 나 대신 욕을 해 주는 사람이 있다면 그 사람을 부추겨 욕구를 해소하기도 합니다. 주로 박해자 역할을 맡은 사람이 이런 심리 게임에 잘 걸려듭니다. 유약한 희생자 대신 궂은일을 도맡거나, 무임으로 승차하는 영리한 구원자 대신 욕을 해 주다가 말이죠.

각자의 욕구를 해소하기 위해 서로 나눠 가진 역할에 대한 책임감은 온데간데없습니다. 결국 '이게 다 너 때문이야', '이게 다 너를 위해서 한 일이잖아'라며 억울하고 의협심 깊은 박해자의 하소연만 남을 뿐입니다.

구원자가 주로 하는 심리 게임

① '단지 도와주려고 했을 뿐이야' 게임

구원자의 인생 태도는 '나는 옳고 당신은 틀렸다'로, 세상과 타인, 자신을 바라보는 프레임이 박해자와 동일합니다. 하지만 박해자는 상대에게 힘을 과시하고 위압감을 주면서 자신이 원하는 결말로 나아가고, 구원자는 보다 여유로운 마음과 온화한 얼굴로 상대를 심리 게임에 초대한다는 차이점이 있습니다.

구원자는 물심양면으로 상대를 도와주려고 했지만 상대가 받아들이지 않거나, 오히려 구원자 때문에 일을 그르치게 됐을 때 '단지 도와주려고 했을 뿐이야' 게임을 합니다. 결과가 좋지 않아도 자신은 선의를 베풀었기 때문에 그 잘못은 자신에게 있지 않다는 것을 보여 주죠. 일종의 '책임 떠넘기고 불쌍하게 보이기' 게임인 것입니다. 이는 구원자에서 희생자로 전환하는 게임이기도 합니다.

②'내가 너를 위해서 얼마나 열심히 했는데' 게임

'내가 너를 위해서 얼마나 열심히 했는데' 게임은 구원자에서 박해자로 전환하는 게임으로 볼 수 있습니다. 예컨대 막장 드라마를 보면 가난한 배우자를 뒷바라지하며 힘들게 살았는데 배우자가 좋은 회사에 취직이 되자마자 사장 딸과 바람을 피우는 상황에서 주인공의 선택은 대개 2가지입니다. 첫 번째는 '나는 최선을 다해 너를 도왔고 그때 우리는 좋았으니 이만하면 됐다' 식의 희생자로의 전환, 두 번째는 '내가 너를 위해 얼마나 열심히 뒷바라지했는데 두고 봐라' 식의 박해자로의 전환입니다.

처음에는 상냥한 태도로 나를 위한 조언을 아낌없이 하더니, 어느 순간 나를 탓하고 원망하면서 내 마음을 뒤흔드는 사람이라면 한 번쯤 이 게임을 의심해 볼 필요가 있습니다.

이처럼 심리 게임 안에서 벌어지는 또 다른 심리 게임을 간파하면 적어도 상대방의 심리 게임에 휘말리기 전에 알아차릴 수 있습니다. 상대가 거는 심리 게임을 간파할 때 우리는 심리 게임에 휘말리지 않을 수 있습니다.

나를 들여다보는 시간

☐ 상대방이 내 마음 같지 않아서 힘든가요? 그 사람은 내 마음처럼 행동하라고 태어난 사람이 아닙니다. 당신 역시 그 사람이 원하는 대로 행동하지 않아도 됩니다.

나쁜 관계는 인연을 끊어야
그만할 수 있다

심리 게임 유발자의 도발을 차단하라

사실 심리 게임을 하려고 덤벼드는 사람을 막기란 여간 힘든 일이 아닙니다. 심리 게임으로 얻는 스트로크는 자극의 강도가 매우 강하기 때문에 다른 경로로 획득하는 스트로크에 비해 매우 치명적입니다. 그러니 심리 게임 유발자도, 심리 게임에 걸려드는 약점을 가진 자도 그 유혹에서 빠져나오기 쉽지 않은 것입니다.

지금부터는 상대가 심리 게임 유발자일 때 도발을 차단하는 방법을 알려 드리겠습니다.

희생자에게 대처하는 방법

희생자의 얼굴로 '난 바보야. 제대로 하는 게 없어. 세상 살기가 힘들어'라고 말하는 사람에게는 이렇게 말해 주세요.

"네가 무엇 때문에 그렇게 생각하는지 구체적으로 말해 보겠니?"

희생자의 역할 중에는 '작은 정황만으로 슬픔에 빠지기'가 있습니다. 자신이 얼마나 손해를 보고 피해를 입었는지 계속해서 곱씹어야 할 의무가 있기 때문입니다. 희생자가 슬그머니 다가와서 자신이 받은 상처를 말한다면 그것이 지금, 여기에서 받은 상처만큼의 아픔이 맞는지 직면하게 해 주세요.

주의해야 할 점은 희생자에서 박해자로의 전환입니다. 이들은 자신의 목적을 달성하지 못한 채 사실에 직면하는 일이 매우 고통스럽습니다. 그래서 순식간에 박해자로 돌변해 나를 공격할 가능성도 배제할 수 없습니다. 이렇게 말하면서 말이죠.

"내가 얼마나 힘든데, 어떻게 나에게 그렇게 이야기할 수 있어?"

박해자에게 대처하는 방법

웬만해서는 박해자를 당해 내기 힘듭니다. 굉장히 힘이 넘치고 설득력 있으며 사실을 그럴싸하게 왜곡하는 능력이 있기 때문입니다. 박해자가 말을 할 땐 우선 가만히 있는 것이 제일 좋은 방법입니다. 이때 하는 그 어떤 말도 박해자에게는 비난의 빌미를 제공하는 일밖에 되지 않기 때문입니다.

박해자는 내가 아니라도 다른 누군가에게 비난을 쏟아부을 것입니다. 그렇기 때문에 그 사람이 나에게 박해를 가한다고 나도 똑같이 박해자가 돼서 진흙탕 싸움을 하거나, 또는 희생자가 돼서 누가 더 손해를 봤는지 따지기보다는 사실만 받아들이고 이야기하는 자세가 필요합니다.

구원자에게 대처하는 방법

누군가가 구원자가 돼 나에게 도움의 손길을 뻗으려고 할 때는 친절하면서도 단호하게 말해 주세요.

"나를 위한 마음은 알겠지만 도움이 필요하면 그때 요청할게."

여기서 주의해야 할 점은 이 사람이 나를 진심으로 도와주려는 것인지, 아니면 심리 게임의 도발자인지를 구분하는 것입니다.

만약 진심에서 우러나온 마음이라면 기분 좋은 관계를 유지할 수 있을 것입니다만, 뭔가 찜찜한 호의처럼 느껴지거나 마치 조종을 당하는 듯한 꺼림직함이 가시지 않는다면 다시금 교류 패턴을 살펴봐야 합니다.

건강한 소속감에 대하여

원시 시대 때부터 인간은 집단생활을 했습니다. 소속에서 이탈하지 않는 것이 생명을 연장하는 최고의 방법이었다는 진화 심리학을 언급하지 않더라도 우리는 소속감이 주는 안정감과 편안함을 체감할 수 있습니다.

그래서일까요? 우리는 고독하면 안 된다고 배웠고, 혼자인 사람을 보면 자연스레 '왕따'를 떠올리며 어딘가 문제가 있는 사람으로 치부되는 상황을 보고 자랐습니다. 고독이 주는 혜택을 채 누리기도 전에 박탈당한 것이죠.

매슬로우(Abraham H. Maslow)의 말처럼 소속의 욕구는 사람의 기본 욕구

중 하나입니다. 다만 자신의 정체성을 '내'가 아닌 '내가 속한 집단'에서 찾는 것에서 문제는 비롯됩니다. 특히 이것이 나를 지독하게 괴롭히는 심리 게임인 줄 알면서도 이 집단에서 이탈되는 것이 두려워 계속 당하고 있거나, 지극히 개인적으로 정한 사회적 위치를 차마 떨치지 못해 오늘도 심리 게임을 하고 있는 당신이라면 '건강한 소속감'을 생각해 보는 시간이 필요합니다.

만약 내가 속한 집단이 건강한 집단이라면 언제든 다시 돌아갈 수 있는 곳, 어디서든 함께할 수 있는 사람들일 것입니다. 그러니 이 관계를 그만둔다고 해서 내가 쌓아 온 것들이 무너진다는 생각은 거두고, 지금 여기서 내 마음이 가장 자유로울 수 있는 길을 선택하세요. 심리 게임 안에 있는 관계는 인연을 끊어야만 그만할 수 있습니다.

 **나를 들여다보는 시간**

☐ 인간관계는 모닥불과 같아서 너무 가까이 가면 데이고 너무 멀리 있으면 차갑습니다. 물리적 거리 두기도, 심리적 거리 두기도 필요할 때입니다.

보이지 않는 문제를
다루는 기술

_디스카운트

9장에서는 문제 해결을 방해하는 '디스카운트'를 알아봅니다. 사례를 통해 우리가 상황을 외면하는 2가지 원인, 디스카운트의 유형, 디스카운트를 감지하는 4가지 단서를 알아봅니다. 우리가 스트레스 상황에서 문제 해결과 관련된 정보를 어떻게 무시하고 있는지 알면 해결되지 않았던 삶의 문제들의 실마리를 찾을 수 있을 것입니다.

눈을 뜨고 봐도
결코 보이지 않는 것들

#. 나는 네가 다이어트에 실패하는 이유를 알고 있다

하루도 빠짐없이 평생 다이어트를 해 왔다고 해도 과언이 아닌 친구가 있습니다. 오랜만에 나눈 통화에서도 어김없이 다이어트 이야기가 나옵니다. 요즘은 뭘 먹으며 다이어트를 하고 있냐고 물어보니 도무지 그 식단으로는 살을 빼기는커녕 유지하는 것도 어렵겠다는 생각이 듭니다.

친구는 하루를 가볍게 시작할 요량으로 드레싱을 뿌린 채소에 바나나와 망고를 섞은 샐러드를 먹거나, 치즈크림을 버무린 나초와 두유로 한 끼를 때운답니다. 또 칼로리가 높은 방탄 커피를 마시면서

간헐적 단식을 하는데 그 시간을 못 버티고 배가 고프면 '나를 위한 선물'이라며 디저트 카페로 달려가 초코 무스 케이크나 생크림 듬뿍 딸기 타르트를 먹기도 한답니다.

"요즘 정체기인가 봐. 살이 죽어도 안 빠져. 항상 가볍게 먹고 있는데 뭐가 문제인지 모르겠어. 그래도 다이어트를 여러 번 해 보니까 나한테 맞는 방법은 이것밖에 없더라고. 먹는 걸 바꿀 수는 없어. 사실 다이어트는 운동이 중요하지, 뭐. 식단은 이 정도면 괜찮은 것 같아. 늘 배가 고프거든. 다른 방법도 해 봤는데 다 별로더라."

살이 안 빠지는 이유를 정말 몰라서 이러는 걸까요? 저는 직언을 해 주고 싶었지만 임금님 귀는 당나귀 귀처럼 꾹 참고 속으로만 외쳤습니다.

'네가 살 안 빠지는 이유, 다른 사람은 다 아는데 왜 너만 모르니?'

현실을 외면하는 '디스카운트'

다이어트를 하다가 정체기가 오거나 사실상 별 효과를 보지 못할 때 우리는 '채소도 소처럼 먹으면 살이 찐다'는 농담을 주고받기도 합니다. 이는 채소를 소처럼 많이 먹는다는 의미가 아니라 다이어트를 한다는 생각만 가졌지 실천에 주의를 기울이지 않거나 방법이 잘못됐음에도 변화를 주지 않는 태도에 대한 비유일 것입니다.

사연자의 친구는 자신은 늘 가볍게 먹는다고 믿으면서 정작 칼로리를 무시한 식단을 고수합니다. 방법을 바꿀 생각도 하지 않습니다. 운동을 하지 않아서 살이 안 빠지는 것일 뿐 다른 문제가 없다고 말합니다. 현재 식단에 문제가 있다는 사실을 외면하는 것이 포인트인데 말이죠.

여태껏 이렇게 살았어도 큰 불편함이 없었으니까 계속 그렇게 살 수도 있고, 그 자체가 내 삶이었기에 바꾸거나 고칠 생각 자체를 못 할 수도 있습니다. 익숙해진 방식은 이미 내 삶의 한 부분으로 젖어 들었기에 내 눈에는 보이지 않는 탓이겠죠.

어쩌면 방식을 바꾸기가 귀찮아서, 혹은 내 책임이 아니라고 생각할 수도 있습니다. 뾰족하게 인식하지 않으면 시간이 가면서 흐려지는 것들입니다. 하지만 결코 없어지지는 않고 평생 같은 문제를 머리에, 어깨에 이고 살아가는 것입니다.

교류분석에서는 이것을 '디스카운트(discount)'라고 합니다. 의식적으로든 무의식적으로든 문제를 해결하기 위한 정보를 무시하는 것입니다. 그래서 아무리 일을 해도 효율적이지가 않아 마치 그 일을 하지 않는 것과 동일한 결과를 가져옵니다. 지금부터 디스카운트에 대해 더 자세히 알아보도록 하겠습니다.

 나를 들여다보는 시간

☐ 원하는 바를 이루고 싶나요? 그렇다면 돈을 쓰지 말고 시간을 들여 나를 쓰세요.

| 나를 몰랐기 때문이다 |

문제의 포인트는
그게 아닙니다

#. 불만으로 가득 찬 불운의 워크숍

오늘은 아침부터 영업력 향상을 위한 워크숍이 있는 날입니다. 금년도 영업 실적과 특이 사항, 10년 치 판매 추이를 담은 그래프와 사회, 경제적 동향을 비교한 데이터, 고객 인터뷰 등 꼼꼼하게 분석한 자료를 토대로 관계자들의 현장 목소리를 듣는 시간이었습니다. 그런데 누군가 워크숍에 도착하자마자 이렇게 말하더군요. "우리 매장은 실적 괜찮은데 왜 바쁜 사람을 불러 가지고는." 처음엔 참석자들끼리 서로 친분이 있는 사이라 농담이겠거니 생각했습니다. 그런데 워크숍을 진행할수록 저는 적잖게 실망했습니다. 참석한 사람들은 최소 8년 내지 10년 이상 근무한 중간 관리자와 점장급 인재였고 고성과자들이었습니다. 그런 사람들이 워크숍 내내 듣기 힘들 정도로 볼멘소리를 하는 것 아니겠어요?

"실적이 좋지 않다고 하지만 전체 순이익으로 보면 크게 문제될 게 없다고 봅니다."

"경기가 안 좋은데 누가 지갑을 여나요. 우리 탓으로 돌릴 게 아니란 말입니다."

"실적보다 중요한 건 직원들 처우 같은데요. 이직률이 심각합니다."

"판매 실적 운운하기 전에 마케팅 팀 직원부터 바꿔 주세요. 홍보가 엉망입니다."

"프로모션 바뀌기 전에는 실적이 나아질 리가 없습니다."

"우리 매장은 이미 죽은 상권이라 아무리 시도해도 바뀌질 않던데요."

저는 거듭 "판매 실적이 향상될 수 있는 발전적인 말씀만 부탁드립니다"라고 당부했으나, 시간이 갈수록 워크숍은 '회사 불만 성토 대회'로 바뀌었습니다. 결국 워크숍에서 나온 아이디어라고는 수박 겉핥기 식의 솔루션 몇 가지였고, 서둘러 석식 장소로 이동하자는 목소리가 전부였습니다. 결국 다음 날 워크숍 결과를 보고해야 하는 저만 '보고서를 위한 글짓기'를 해야 했습니다.

당장은 문제없다는 생각이 시야를 가린다

위 사연에서 판매 실적이 저조한 것은 데이터가 말해 주는 현실입니다. 하지만 사람들은 핑계만 대며 문제를 피하고 있습니다. 저조한 매출에 따른 문제의 책임을 디스카운트하는 것입니다. '판매 실적이 저조한 이유는 우리의 책임이 아니고, 우리 책임이라도 우리가 할 수 있는 것은 없다'고 말하고 싶은 것입니다. 워크숍 진행자의 요청도 무시한 채 논지에서 벗어난 엉뚱한 말들만 해댑니다. 결국 '우리 책임이 아니다'라는 말만 되풀이하면서 말이죠.

'다이어트를 하는데 왜 살이 안 빠질까?'

'회사의 판매 실적이 저조하다는데 일개 직원인 나더러 어쩌란 말이지?'

'치과 치료가 필요하지만 지금 당장 갈까, 다음으로 미룰까?'

'영어 공부에 그 많은 돈을 쓰고도 내 토익 점수는 왜 그 모양이지?'

'돈은 벌어도 모이지 않고, 아껴 쓰는데 나는 왜 늘 돈이 없을까?'

'브랜딩을 하려면 책 한 권은 써야 한다는데 쓸 것인가 말 것인가?'

'업무 조율 끝에 신경전을 벌였던 그 동료에게 내가 먼저 말을 붙일 것인가 말 것인가?'

'플라스틱 용기가 인류에 큰 악영향을 미친다는데 나는 플라스틱을 계속 사용할 것인가 말 것인가?

　우리는 삶의 길목에서 여러 가지 이슈와 만나게 됩니다. 개인적인 습관이나 생활 양식, 인간관계, 일과 건강, 나아가 공적인 부분까지 내 삶 전반을 아우르는 것들 말입니다. 그중 당장 처리해야 하는 이슈들이 있는 반면, 그냥 내버려 둬도 크게 문제되지 않는 것들도 있습니다. 긴급하지 않아서 뒤로 밀리고, 당장 바꾸지 않아도 큰 문제가 아니라 우선순위에서 밀리고 맙니다. 중요한 것은 질문이 아닙니다. 의식적으로든 무의식적으로든, 내가 바뀔 생각이 없다면 결국 문제 해결과 점점 더 멀어지는 것입니다.

 나를 들여다보는 시간

☐ 자꾸만 실패하는 데는 이유가 있습니다. 그냥 지나치지 마세요. 당신이 생각하는 그것이, 어쩌면 문제의 진짜 포인트가 아닐지도 모릅니다.

디스카운트의 단서는
수동적인 행동에 있다

#. 대화에 진전이 없는 부부 이야기

저는 3살, 4살 연년생을 키우고 있는 아이 엄마입니다. 둘 다 남자 아이라 활동량이 점점 많아져서 요새는 여기저기 장난감을 어지르고, 싸우는 바람에 혼이 쏙 빠집니다. 삼시 세 끼 밥 해야지, 중간중간 간식 챙겨야지, 집안일도 해야지…. 시간이 어떻게 흐르는지도 모르게 하루가 갑니다.

어린이집에 보내지 않은 이유는 아이들이 아직 어리기도 하고, 요즘 보육 시설에서 불미스러운 일이 자주 발생해, 고생스럽더라도 제가 데리고 있는 편이 나을 것 같아서입니다. 고되고 외로울 때면 잠시 어디에 맡기고 싶다고 생각하지만, 친정과 시댁도 멀어서 딱히 아이들을 맡길 곳도 없습니다.

이 고민을 남편에게 넌지시 이야기했습니다. 나도 좀 쉬고 싶고, 일도 하고 싶고, 애들도 이제 어린이집에 보내면 좋지 않겠냐고 말이죠. 하지만 남편은 제 이야기를 듣는 둥 마는 둥 텔레비전만 보더니 밥이나 먹자며 손을 씻으러 화장실로 휙 들어가는 것이었습니다. 저녁 식사 후, 남편이 괜히 시비를 걸기 시작합니다.

"텔레비전이 왜 이렇게 재미가 없냐. 밤인데 애들은 왜 이렇게 시끄럽게 뛰어. 아, 내일 회사에 입고 갈 옷이 없던데 옷이나 사야겠다. 여보, 우리 주말에 애들 데리고 시댁 갈까?"

딴소리만 하는 남편을 보자니 결국 저도 폭발했습니다. 한바탕 싸우고 난 다음 날 아침, 그래도 회사에서 고생할 신랑을 위해 그가 좋아하는 소고기 국과 나물 반찬을 했습니다. 또 아이들이 좋아할 소시지 반찬도 함께 말이죠. 어색한 정적이 흘렀지만 밥 먹는 모습을 보니 기분이 조금 풀렸습니다.

오후에는 아이들이 잘 놀고 컨디션도 좋아서 밀린 집안일을 정리하며 괜찮은 시간을 보냈습니다. 그런데 신랑이 퇴근할 시간이 다가오자, 다시 아이들의 어린이집 문제가 떠올랐습니다. 갑자기 머리가 무거워졌습니다. 결국 그날은 몸져누우면서 어린이집 이야기를 꺼내지 못했습니다.

디스카운트와 4가지 수동 행동

디스카운트를 알아차리기는 쉽지 않습니다. 내 안에서 일어나는 마음의 작용이기 때문에 본인도 감지하기 어렵고, 감지했더라도 아니라고 잡아떼거나 해결을 미루기 때문입니다. 그래서 디스카운트 상황에 있을 땐 어떤 일을 해도 효율적이지 않습니다. 상황이 진전되지도, 해결되지도 않죠.

그렇다면 우리는 디스카운트를 어떻게 알아차릴 수 있을까요? 우리가 디스카운트를 할 때 겉으로 보이는 단서가 존재합니다. 바로 4가지 수동 행동입니다.

- 아무것도 하지 않기
- 과잉 적응 행동
- 짜증스러운 행동 보이기
- 무력화 혹은 폭력

사연 속의 아내는 자신이 직접 아이들을 어린이집에 보내겠다고 말하지 못하겠으니 남편이 이 일을 결정해 주길 바랐습니다. 남편 역시 아내를 생각하면 얼마나 답답할까 싶지만 그렇다고 아직 어린 아이들을 보육 시설에 맡기는 것이 꺼려집니다. 물론 아내가 정 어린이집에 보내겠다고 한다면 굳이 말릴 생각은 없습니다만, 지금은 어떤 확답을 할 수도 없고 논의하는 것만으로도 부담스럽습니다.

이 문제를 해결하기 위해서는 우선 '아이들이 아직 어린데 어린이집에 보내도 되는가?'라는 주제로 진지하게 대화해야 합니다. 하지만 남편은 아내의 질문에는 반응하지 않고 엉뚱한 말을 하며 짜증을 냈죠. '아무것도 하지 않기'와 '짜증스러운 행동 보이기'로 문제를 디스카운트하는 것입니다.

아내는 남편과 크게 싸운 뒤에도 남편을 위해 새벽같이 일어나 소고기 국과 나물 반찬을 차립니다. 당면한 문제는 뒤로 제치고 회사에서 고생할 남편을 위해 밥을 짓습니다. 또한 아이들의 컨디션이 좋다는 이유로 자신까지 기분이 풀린 듯 행동하죠. 이것은 대표적인 '과잉 적응 행동'입니다. 남편의 퇴근 시간이 가까워 오고 그 이야기를 다시 꺼내야 한다는 생각이 들자 몸이 아프고 머리가 무거워 앓아눕는 것은 전형적인 '무력화'입니다.

아내는 자신에게 당면한 문제를 능동적으로 해결해야 하지만 책임을 떠안기가 불안합니다. 남편 역시 자신의 생각대로 움직여 주지 않습니다. 그래서 자신이 앓아누워서라도 남편을 무력화시켜 문제를 해결하려는 것입니다.

앞서 말씀드린 것처럼 디스카운트는 알아차리기가 쉽지 않습니다. 그렇기에 반복되는 스트레스 상황에서 문제를 해결하기 위한 정보를 어떤 행동으로 디스카운트하고 있는지 의식적으로 감지해야 합니다.

나를 들여다보는 시간

☐ 당신은 수동적인 사람인가요, 능동적인 사람인가요? 혹시 능동적으로 대처해야 할 순간마저 수동적이지는 않았는지 돌아볼 때입니다.

내 방식만 고집하는
준거틀

휴식을 모르는 알렉산드로스 대왕

이탈리아의 화가 라파엘로가 그린 〈아테네 학당〉에는 가운데에 비스듬히 누워 있는 사람이 있습니다. 바로 그리스 철학자 디오게네스입니다. 그림 속 사람들은 뭔가를 골똘히 생각하거나 토론을 하고 있지만 디오게네스의 주변에는 아무도 다가가지 않는데요. 바로 특이하고 엉뚱한 그의 성격 때문입니다.

디오게네스는 개가 땅에 고인 물을 핥는 모습을 보고 '개도 저렇게 물을 마시는데 이딴 물통이 무슨 필요냐'며 자신의 유일한 재산인 표

주박을 내던지고, 자신은 정직한 사람을 찾고 있다면서 대낮에 초롱불을 이리저리 비췄습니다. 자신에게 지혜를 구하러 온 사람에게 "나는 개이니 저리 꺼져라"라며 내쫓기도 했죠. 맑은 날에는 아무데서나 잠을 자고 굳은 날에는 술통에서 잠을 청하는 등 어디로 튈지 모르는 언행으로 사람들이 쉽게 다가가지 못했습니다.

하지만 당시 사람들에게는 이런 디오게네스의 행동이 오히려 위대하다고 일컬어진 철학자들의 어느 이론보다 더 쉽게 와 닿았습니다. 그들도 이런 행동에 깊은 뜻이 숨어 있다는 것을 알고 있었기 때문입니다. 마케도니아의 통치자 알렉산드로스 대왕도 디오게네스에게 지혜를 구하러 찾아갑니다.

"세계를 정복하고 싶은데 그대의 가르침이 필요하오."
"세계를 정복한 후에는 무엇을 하시겠습니까?"
"그야 당연히 편안히 쉬어야지요."
"저는 세계를 정복하지 않았지만 지금도 편안히 쉬고 있습니다. 어찌 왕께서는 지금 당장 그리 못하십니까? 지금 당장 그리 할 수 없다면 그때가 돼서도 할 수 없을 것입니다."

만남을 끝낸 알렉산드로스 대왕은 "다음 생이 있다면 디오게네스로 태어나고 싶구나"라고 말합니다. 알렉산드로스 대왕은 20대에 이집트, 페르시아를 섬멸하며 세계 정복의 꿈을 이뤄 갔지만 결국 장기간의 전쟁이 준 피로감, 왕이라는 자리의 중압감, 모기의 열병과 과도한 음주, 전쟁 중 입은 숱한 부상으로 33세에 세상을 떠나고 맙니다.

디스카운트를 하는 이유 ① 준거틀

알렉산드로스 대왕은 세계 정복을 위해 능동적이고 적극적이었지만 휴식만큼은 매우 수동적이었습니다. 편안히 쉬고 싶지만 세계 정복의 꿈을 위해 '다시 태어나면 그렇게 하겠다'고 말하죠. 휴식은 훗날을 도모하기 위해 중요합니다. 그걸 무시한 채 지금은 쉴 수 없다고 말하는 것을 보아 알렉산드로스 대왕은 '지금 당장 쉴 수 있다'는 선택을 디스카운트하고 있는 듯합니다.

그렇다면 왜 이런 디스카운트가 일어날까요? 바로 '준거틀' 때문입니다. 준거틀은 '개인이 현실을 바라보는 독특한 방법', '사람들이 세상을 지각하고 이해하는 나름의 방식'입니다. 사람은 누구나 자신만의 안경을 쓰고 자기와 타인, 그리고 세상을 바라봅니다. 그래서 때로는 자신의 편리대로 현실을 왜곡하는데 이때 디스카운트가 일어납니다.

알렉산드로스 대왕을 예로 들면, 그는 '정복 왕'이라는 타이틀에 걸

맞게 호메로스의 영웅 서사시를 무척 좋아했다고 합니다. 잘 때도 책을 베개 밑에 넣어 두고, 전장에 나설 때도 항상 챙겨 다녔습니다. 또한 경쟁심과 정복욕이 무척 강했습니다. 아버지의 승전 소식을 기뻐하기보다 '아버지가 자꾸 나라를 정복하고 다니면 훗날 우리가 할 일은 무엇인가'라고 생각했고 훗날 자신을 영웅을 넘어 신의 아들이라고 칭할 정도였으니까요.

이처럼 알렉산드로스의 발자취만 봐도 충분히 그의 준거틀을 알 수 있습니다. 그는 사회, 문화, 경제 등 여러 면에서 훌륭한 업적을 남겼지만 결국 개인의 삶은 돌보지 못하고 자신의 안위를 디스카운트한 채 이른 나이에 죽게 됩니다.

그의 스승은 아리스토텔레스였다고 전해집니다. 하지만 아리스토텔레스, 디오게네스 등 아무리 지혜로운 사람이 현명한 이야기를 들려줘도 준거틀에 갇혀 자신의 낡은 정의만 받아들인다면 결코 문제를 똑바로 보지 못할 것입니다.

나를 들여다보는 시간

☐ 스스로 깨면 병아리가 되지만 남이 깨 주면 계란프라이가 됩니다. 이제는 스스로 깨고 나올 때입니다.

변화와 성장을 방해하는 편견과 망상

디스카운트를 하는 이유 ② 편견과 망상

1장에서 인생 각본을 소개했습니다. 인생 각본이란 어린 시절에 작성되며 성장 과정에서 강화되고 정당화돼 결국 내가 선택한 대안으로 결말이 나는 인생 계획을 의미합니다. 결국 인생 각본을 따른다는 것은 과거에 내린 결론으로 현실의 문제를 해결하려 하기 때문에 적절한 방법이 아닙니다.

우리가 과거의 테이프를 현실 세계에서 돌릴 땐 당시 주 양육자로부터 학습한 가치관이나 당시의 어린아이가 느낀 감정을 끌어모으곤 합니다. 이렇게 학습된 가치관이 '편견'으로, 어린아이가 느낀 감정들은 우스꽝스러운 상상, 심각하게는 병적인 '망상'으로 자리 잡을 때 디스카운트가 일어납니다.

드래곤은 무조건 나쁘다는 편견

〈드래곤 길들이기〉라는 만화 영화에서는 마을 사람들이 드래곤을 맹목적으로 두려워합니다. 사람들은 강한 바이킹이 되려면 드래곤 정도는 쉽게 처치할 수 있어야 한다고 생각하고, 언제나 드래곤과 관련한 무용담을 나누며 드래곤을 없애야만 하는 존재로 여깁니다.

이 문제는 죽고 죽이는 방법 말고는 해결할 수 없는 드래곤에 대한 편견에서 비롯된 것입니다. '드래곤은 인간과 살 수 없다', '다른 종족도 고향을 버리고 떠날 만큼 위험하다', '공생을 꿈꾸는 건 멍청한 생각이다'라면서 말입니다.

그런데 족장의 아들 히컵은 이 편견이 달갑지 않습니다. 드래곤이 왜 싸워서 없애야 하는 존재인지, 그 두려움이 어디서부터 시작됐는지, 서로 공존할 방법은 없는지 등을 생각했기 때문입니다. 결국 히컵의 숱한 노력으로 마을 사람들은 드래곤과 공생할 수 있게 됩니다.

마을 사람들은 드래곤을 위험천만한 생명체이자 우리 조상을 죽게

271

만든 존재라고 철석같이 믿었습니다. 그러나 그 누구도 검증 없이 맹목적으로 따르고 있을 뿐이었죠. 그러면서 다른 마을 사람들도 모두 떠났는데 우리도 떠나거나 싸울 수밖에 없다고 생각합니다. 이는 마을 사람들에게 내려져 온 뿌리 깊은 편견이 문제 해결과 관련된 정보를 보지 못하게 디스카운트를 하는 것입니다.

그 방법밖에는 없다는 망상

웹툰이자 드라마로도 방영된 〈운빨 로맨스〉의 주인공 심보늬는 부모님을 잃고, 의식 불명 상태인 동생을 돌보는 인물입니다. 그러다 우연히 들어간 점집에서 '보름달이 뜨기 전 호랑이띠 남자와 하룻밤을 보내면 동생이 깨어날 것이다'라는 점괘를 듣습니다. 심보늬는 회사의 대표 제수호가 호랑이띠라는 것을 알고 그와 하룻밤을 보내기 위해 필사적으로 다가갑니다. 하지만 결국 그 사실을 들키고 마는데요. 크게 화를 내는 제수호에게 심보늬는 이렇게 말합니다.

"사실은 제 동생이 2년 전부터 좀 아파요. 걔를 살리기 위해서라면 저는 못할 게 없어요. 진짜로 용한 도사님이 호랑이띠 남자랑 하룻밤을 보내면 동생이 깨어날 거라고 하셨거든요. 그렇지만 절대로 대표님을 우습게 여기거나 제물로 생각했던 건 아니었어요. 진짜 맹세해요."

보늬가 얼마나 답답한 생각을 갖고 있는지 알려 주고 싶었던 제수호
는 심보늬에게 이렇게 이야기합니다.

"이제 미신 같은 거 믿지 말고 차라리 정신과 상담을 받아 보세요."

보늬는 신경 쓰지 말라고 하면서도 속으로는 '차라리 이 모든 게 다
꿈이었으면 좋겠다'고 생각합니다. 이 드라마는 러브 스토리지만 현
실에서 이런 일이 벌어진다면 비판적 사고가 부재된 맹목적인 믿음이
사고로 이어지는 좋지 않은 사건이 됐을지도 모릅니다.

'내가 나쁜 기운을 타고난 아이라 주변 사람들이 다 죽는 거야.'
'동생을 살리려면 86년생 호랑이띠를 만나는 수밖에 없어.'
'그 외에 다른 방법은 생각할 수 없어. 나에겐 시간이 없으니까.'

심보늬는 이 방법 말고는 다른 해결책이 없는 것처럼 도사의 말을
맹신합니다. 이 모든 게 꿈이었으면 좋겠다며 자신의 행동이 얼마나
위험천만한 일인지 알면서도 '나는 어찌 되든 상관없다'고 말합니다.
더욱이 자신의 팔자 때문에 부모님도 돌아가셨는데 동생마저 이대로

죽게 둘 수는 없다며 동생의 병을 책임지려 하죠.

극 중에서 보름달이 뜨기 전에 86년생 호랑이띠 남자와 하룻밤을 보내는 것이 실패로 돌아가자 심보늬는 술에 취해 제수호 앞에 쓰러지게 되는데요. 훗날 보늬의 동생이 깨어나자 이 역시 제수호와 그날 함께 있었기 때문이라며 제수호에게 고맙다는 인사를 건넵니다.

물론 제수호는 '그날 저와 같이 있었기 때문에 동생이 깼다구요?'라며 당황합니다. 이처럼 심보늬는 현실을 바로 보지 못한 채 자신이 만든 망상에 빠져 현실을 지속적으로 디스카운트하고 있습니다.

 나를 들여다보는 시간

□ "식인종의 구성원들은 식인 풍습을 전적으로 올바르고 적절하다고 여긴다."
- 솔로몬 아시

| 나를 몰랐기 때문이다 |

삶의 크고 작은 이슈에
직면하는 기술

장사가 안 되는 우동 가게 주인의 디스카운트

그렇다면 지금부터는 삶에서 벌어지는 크고 작은 이슈에서 우리가 보지 못하는 부분은 무엇인지, 유형별로 어떤 부분에서 디스카운트를 하고 있는지 살펴보고 이를 효과적으로 해결하는 방법을 이야기해 보겠습니다.

요즘은 하루 평균 3,000명이 식당을 시작하고 2,000명이 식당을 폐업하는 위기에 있다고 합니다. 이에 죽어 가는 골목 상권을 살리자는 취지의 '푸드 솔루션 프로그램'이 한창 인기를 얻고 있습니다. 열정적으로 배우려는 자세, 자신만의 레시피를 개발하려고 고군분투하며 식당이 점차 나아지는 모습은 지켜보는 이들을 흐뭇하게 만듭니다.

반면 눈살을 찌푸리게 하는 사례도 있습니다. 예를 들어 우동을 파는 식당이 있다고 가정해 보겠습니다. 개업한 지는 1년이 지났지만 생각만큼 장사가 안 돼서 폐업 직전에 놓인 상황입니다.

"손님들 대부분이 음식을 남기고 가는데 아셨어요?"

"네? 뭐, 가끔 남기고 가는 것은 봤는데요."

→ 정보를 디스카운트

"매출이 안 오르는데 레시피에 문제가 있다고 생각 안 해 보셨어요?"

"그건 사람들이 아직 제가 만든 우동을 못 먹어 봐서 그런 것 아닐까요?"

→ 문제를 디스카운트

"먹어 본 사람들이 만족했다면 입소문이 날 텐데 지금 그런 것도 전혀 없잖아요."

"워낙 경기가 안 좋고 전염병까지 도는 상황이니까."

→ 책임을 디스카운트

| 나를 몰랐기 때문이다 |

음식점을 운영하는 사장님이라면 적어도 손님이 내가 만든 음식을 맛있게 먹었는지, 식사 후 음식을 남겼는지, 남겼다면 주로 무엇을 남기는지 알아야 차후에 더 나은 음식을 제공할 수 있을 것입니다.

그런데 이 사장은 손님이 남긴 음식을 눈여겨본 적이 없는 모양입니다. 손님은 맛없다는 말 대신 음식을 남기거나, 다시는 이 식당을 찾지 않음으로 의사를 표현할 텐데 말이죠. 이는 손님들이 남긴 신호, 즉 문제와 관련한 정보들을 무시하고 있는 것입니다.

솔루션이 진행되는 동안 사장은 우동의 맛, 손님의 취향, 상권 분석 등의 정보가 없었다며 안일했던 자신의 태도를 반성합니다만, 그래도 아직은 레시피에 문제가 있다고 인정하지 않습니다. 입맛에 안 맞는 손님도 있겠지만 오히려 더 많은 사람들이 아직 자신의 우동을 못 먹어 봐서 그런 거라며 문제를 디스카운트하고 있습니다.

사장은 회가 거듭할수록 레시피에도 문제가 있다는 것을 깨닫습니다. 하지만 마음 한구석에는 여전히 경기가 안 좋은 탓에 장사가 안 되는 것이고, 해외에서 발생한 전염병 때문에 국민들이 공공장소를 불신해서 장사가 더 안 되는 탓이니 이것은 정부나 시에서 책임을 져야 한다는 사고방식이 자리 잡고 있습니다. 바로 책임을 디스카운트하는 것입니다.

수업 태도가 불만인 대학 강사의 디스카운트

이번에는 다른 사례를 살펴봅시다. 어느 모 대학에서 학생들에게 서비스 과목을 가르치는 대학 강사가 있습니다. 그런데 아이들의 수업 태도가 날이 갈수록 안 좋아진다는 이야기를 합니다. 수업을 들으려고 하는 학생들은 3명 남짓할 정도라 학점을 주는 것도 민망하고 다음 학기에 수업을 이어 갈 생각만 해도 한숨이 나온다고 합니다.

"아이들이 수업을 잘 안 듣나 보죠?"
"네, 정말이지 수업 진행이 힘들어요."
→ 문제에 대한 정보는 인지한 상황

"문제가 뭐라고 생각하세요?"
"문제요? 요즘 아이들이 다 문제죠. 우선 휴대폰부터 압수하고 수업을 해야 할 것 같은데요."
→ 문제를 디스카운트

"학생 모두가 참여할 수 있도록 교수법을 바꿔 보는 것은 어떠세요?"
"그것보다는 우선 학교 입학 커트라인 점수부터 바뀌어야 한다고 봅니다. 학생을 마구 받아 주니까 질이 떨어질 수밖에 없어요. 이런 상황에서 교수법을 바꾼들 소용이 있나요?"

　→ 책임을 디스카운트

　이 사례의 경우는 문제에 대한 정보, 즉 수업 진행이 힘들다는 것은 인지했지만 자신의 태도나 교수법보다는 학생들이 수업 시간에 휴대폰을 보는 것부터가 잘못됐다며 자신에게 있을 수도 있는 문제를 디스카운트하고 있습니다. 또한 학교 시스템이 바뀌지 않으면 수업 환경을 바꿔도 변하는 건 아무것도 없을 것이라며 책임에 대한 디스카운트를 하고 있습니다.

나를 들여다보는 시간

☐ 인생에 당면한 모든 문제를 해결할 수는 없습니다. 다만 무슨 일이 일어나고 있는지에 대해서는 밝아야 합니다. 그래야 극복하든, 받아들이든 할 수 있거든요.

디스카운트의
3가지 유형

정보, 문제, 책임 디스카운트

이처럼 디스카운트는 크게 '정보', '문제', '책임' 3가지 유형으로 나눕니다.

① 정보를 디스카운트

문제와 관련된 신호, 즉 감각적 정보를 무시합니다. 보이는 것, 들리는 것, 느껴지는 것 등을 알고도 모르는 척하죠. 또한 문제가 일어나고 있다는 사실을 인식하지 못합니다. 문제에 따른 주변 상황을 감지하

| 나를 몰랐기 때문이다 |

지 못하고 있습니다.

"(기침을 했음에도)내가 언제 기침을 했다고 그래?"

"(판매율이 하락세임에도)판매율은 하락세가 아니야."

"(살이 찌고 있음에도)오늘따라 통통하게 보이는 옷을 입어서 그래."

"(다른 사람이 불편해도 하고 싶은 말만 하며)그래서 내가 어제 뭘 했냐면….."

② 문제를 디스카운트

문제에 대한 신호는 알아차렸으나 어떤 문제 때문에 발생한 것인지
는 모릅니다. 어떤 일이 일어나고 있다는 것은 알고 있으나 그 일이 어
떤 영향을 끼칠지는 모릅니다. 주변 상황이나 자극 등을 감지하나 그
것은 별문제가 아니라고 여깁니다.

"내가 기침을 했지. 하지만 담배를 피워서 그런 건 아니야."

"판매율이 하락세인 건 맞아. 하지만 일시적인 현상일 뿐이야."

"요즘 살이 좀 찌긴 했지. 하지만 식단 때문에 그런 건 아니야."

"혼자서 너무 말을 많이 했네요. 하지만 우리 모임은 좋은 모임이니
까 이해해 줄 거죠?"

③ 책임을 디스카운트

주변 정보와 그에 따른 문제점을 알아차리고 있으나 내가 할 수 있는 일은 아무것도 없다고 생각합니다. 그 문제는 다른 외부 요인 때문에 생긴 것이지 내 책임은 아니라고 생각합니다. 문제를 해결하기 위해 자신이 선택할 수 있는 방법은 오직 한 가지밖에 없다고 여깁니다.

"내가 기침을 한 건 담배 때문이야. 하지만 담배를 끊을 수는 없어."
"판매율 하락은 심각한 문제야. 하지만 내 책임은 아니야."
"살이 찐 건 식단 문제야. 하지만 이렇게 먹어야 내가 살 것 같아."
"너무 혼자서 떠들긴 했지만 할 수 없어요. 저는 원래 그런 사람인 걸요."

 나를 들여다보는 시간

□ 낯설음은 긍정적인 감정보다 부정적인 감정을 동반하기 쉽습니다. 개인의 성장과 변화는 그런 낯설음을 딛고 일어섰을 때 비로소 시작됩니다.

변화와 성장을 위해
포인트를 바로잡는 3가지 기술

어느 부분에서 디스카운트를 하는지 알기

이처럼 디스카운트의 유형을 정보, 문제, 책임으로 나눠 생각해 보는 이유는 좀 더 세부적으로 자신의 문제를 들여다보기 위함입니다. 예컨대 문제가 발생할 수 있는 단서에 대한 정보 자체를 디스카운트하는 사람에게 문제의 존재나 책임을 논하는 것은 아무런 도움이 되지 않습니다.

반대로 문제에 대한 정보를 충분히 인지한 사람에게는 재차 문제가 일어나고 있다는 사실만 강조하고 정작 문제의 핵심과 그 책임에 대해서는 다루지 않는다면, 이 역시 문제를 해결하는 데에 도움이 되지 못합니다.

또한 어떤 문제에 대한 정보나 상황을 충분히 인지하고, 그것이 문제라고도 여기고 있지만 정작 책임을 회피하려는 사람이라면 문제 해결과 관련한 책임을 쥐어 줘도 효과적이지 못할 것입니다. 이처럼 자신이 어느 부분에서 디스카운트를 하는지 알아야 보다 해결에 가까워지는 것입니다.

부정문은 긍정문으로 바꾸기

디스카운트는 주로 부정문으로 이뤄져 있습니다. 그렇기 때문에 디스카운트가 준거틀, 그 안에서의 편견과 망상, 인생 각본, 라켓 감정, 심리 게임 등 반복되는 문제를 해결하는 데 장애물이 될 수밖에 없습니다. 부정문을 긍정문으로 바꾸면 보다 해결에 가까워집니다.

- ○ 모르겠다 → 알고 있다
- ○ 안 된다 → 된다
- ○ 할 수 없다 → 가능하다
- ○ 의문이다 → 대안을 찾겠다

○ 별로다 → 문제를 해결하겠다

내 안의 목소리에 귀 기울이기

디스카운트와 관련한 이론은 교류분석 상담에서 주로 활용합니다. 이는 상담 과정에서 내담자가 무엇을 디스카운트하고 있는지 면밀히 파악하고 내담자가 이를 직면하도록 고안된 이론이라고 할 수 있습니다. 현재 기업 조직 영역, 교육 현장 등에서도 사용되고 있습니다. 다만 교류분석은 근본적으로 스스로 잘 들여다보지 못하는 내 안의 문제를 직면하는 이론입니다. 그렇기 때문에 상담자 같은 제3자가 집요하게 뒤따라가 주지 않으면 문제를 분명하게 파악하는 일이 꽤 어렵습니다.

이때 필요한 것이 나 자신과의 대화입니다. 내 안에서 무슨 말을 하고 있는지 끊임없이 듣고 답해야 합니다. 물론 그 안에서는 여러 목소리가 들릴 것입니다. 해야 하는 것, 하지 말아야 하는 것이 섞여 여러 명령과 금지령이 나의 발목을 잡을 수도 있습니다.

그 과정에서 적어도 스스로를 부풀리거나 감추지는 말아야 합니다. 나는 내 것이니까요. 가장 먼저 자신에게 자신을 개방해야 합니다. 내가 나에게 잘 보일 이유는 없습니다. 담담하고 담백하게 나 자신을 있는 그대로 들여다보는 용기, 바로 이럴 때 필요한 것입니다.

나를 들여다보는 시간

☐ "아니야, 그건 안 돼, 할 수 없어." 이런 생각이 들 땐 이렇게 바꿔 보세요. "맞아, 그렇게
   하면 돼, 할 수 있어." 부정어를 긍정어로 바꾸면 세상이 달라질 거예요.

| 나를 몰랐기 때문이다 |

- 김상준, 《심리학으로 읽는 그리스 신화》, 보아스, 2016.
- 데이비드 D. 번즈, 《관계 수업》, 흐름출판, 2015.
- 로날드 슈베페 · 알요샤 롱, 《하얀 늑대에게 먹이를》, 붉은삼나무, 2019.
- 밴 조인스 · 이언 스튜어트, 《현대의 교류분석》, 학지사, 2016.
- 송준석, 《수동성과 게임치료》, 아카데미아, 2015.
- 아리스토텔레스, 《니코마코스 윤리학》, 도서출판 숲, 2013.
- 아잔 브라흐마, 《술 취한 코끼리 길들이기》, 연금술사, 2013.
- 이언 스튜어트, 《에릭 번》, 학지사, 2009.
- 에릭 번, 《심리게임》, 교양인, 2009.
- 에이미 해리스 · 토머스 A. 해리스, 《완전한 자기긍정 타인긍정》, 옐로스톤, 2014.
- 우재현, 《교류분석 프로그램》, 정암서원(한국교류분석협회), 2003.
- 우재현, 《임상 교류 분석 프로그램》, 정암서원(한국교류분석협회), 2004.
- 윌 버킹엄 · 더글러스 버넘 · 피터 J. 킹 · 존 머린번 · 마커스 위크스, 《철학의 책》, 지식갤러리, 2011.
- 이영호 · 박미현, 《관계의 미학, TA》, 학지사, 2011.
- 제임스 홀리스, 《내가 누군지도 모른 채 마흔이 되었다》, 더퀘스트, 2018.
- 최기홍, 《아파도 아프다 하지 못하면》, 사회평론, 2018.
- 최현석, 《인간의 모든 감정》, 서해문집, 2011.
- 캐서린 콜린 · 나이젤 벤슨 · 조안나 긴스버그, 《심리의 책》, 지식갤러리, 2012.
- 크리스텔 프티콜랭, 《나는 감정적인 사람입니다》, 북투더바이블, 2016.
- 크리스텔 프티콜랭, 《나는 왜 네가 힘들까》, 부키, 2016.
- 클라리사 에스테스, 《늑대와 함께 달리는 여인들》, 이루, 2013.
- 필립 윌킨슨 · 조지 캐롤 · 마크 포크너 · 제이콥 F. 필드 · 존 헤이우드 · 마이클 케리건 · 닐 필립 · 니컬러스 펌프리 · 줄리엣 토시노 스미스, 《신화의 책》, 지식갤러리, 2018.
- Chris Davidson · Anita Mountain, 《기업과 조직을 살리는 교류분석》, 학지사, 2015.
- Julie Hay, 《기업과 조직을 위한 교류분석 상담》, 아카데미아, 2019.
- Mavis Klein, 《친밀한 관계》, 아카데미아, 2015.

내 삶이 만족스럽지 못한 건

나를 몰랐기 때문이다

© 김정현 2020

1판 1쇄 2020년 4월 27일
1판 5쇄 2021년 3월 15일

지은이 김정현
펴낸이 유경민 노종한
기획마케팅 1팀 우현권 **2팀** 정세림 금슬기 최지원 현나래
기획편집 1팀 이현정 임지연 **2팀** 김형욱 박익비 **라이프팀** 박지혜
책임편집 임지연
디자인 남다희 홍진기
펴낸곳 유노북스
등록번호 제2015-000010호
주소 서울시 마포구 월드컵로20길 5, 4층
전화 02-323-7763 **팩스** 02-323-7764 **이메일** uknowbooks@naver.com

ISBN 979-11-969907-5-6 (03190)

• — 책값은 책 뒤표지에 있습니다.
• — 잘못된 책은 구입하신 곳에서 환불 또는 교환하실 수 있습니다.
• — 이 도서의 국립중앙도서관 출판예정도서목록(CIP2020014777)은 서지정보유통지원시스템 홈페이지(http://seoji.nl.go.kr)와 국가자료공동목록시스템(http://www.nl.go.kr/kolisnet)에서 이용하실 수 있습니다.